JÖRG SPITZER

WEN DAS GLÜCK KÜSST !

„Seien Sie nett zu Ihren Nachbarn, vermeiden Sie fettes Essen, lesen Sie ein paar gute Bücher, machen Sie Spaziergänge und versuchen Sie, in Frieden und Harmonie mit Menschen jeden Glaubens und jeder Nation zu leben."

Zitat aus dem Film Monty Python-Der Sinn des Lebens 1983

JÖRG SPITZER

Glück gehabt!

Vom Lifestyle, der Einzigartigkeit des Menschen, dem angeblichen Sinn des Lebens und anderem Unsinn.

Inhaltsverzeichnis

Überall herrscht der Zufall. Laß deine Angel nur hängen. Wo du's am wenigsten glaubst, sitzt im Strudel der Fisch.

Ovid (43 v. Chr. - 17 n. Chr.), eigentlich Publius Ovidius Naso, römischer Epiker
https://www.aphorismen.de/autoren/person/2850/Ovid Aufruf 10/2020

Das Ich
oder
Denke Ich nur das ich ein Ich bin?

Glauben Sie an Zufälle oder Glück? Nein?
Dann gehören Sie zu den Menschen[1] die denken sie
wären etwas Besonderes oder würden gar etwas
Einzigartiges darstellen?
Sie sind der festen und unerschütterlichen Meinung
dieses Buch lesen zu wollen wäre alles andere als
purer Zufall und würde natürlich ihrem hochent-
wickelten Gespür für das gewisse Etwas
entspringen?
Denken Sie auch tatsächlich an die schöne Mär das
Sie existieren weil es so gewollt ist oder vermuten
Sie gar einen tieferen Sinn hinter Ihrem Dasein?
Dann muß ich Sie schon nach diesen wenigen Zeilen
enttäuschen; Nein, Sie sind nicht außergewöhnlich
oder ein unabhängiger selbstbestimmter Freigeist auf
den die Welt gewartet hat.
Sie und Ich sind nichts weiter als ein Produkt aus
puren Zufällen und, im günstigsten Fall, aus reinem
Glück.
Weiße bengalische Tiger sind extraordinär oder
Rohdiamanten mit fünftausend Karat Gewicht wären

---

[1]   Die geschlechtsspezifische Differenzierung ist vom
       Leser/der Leserin selbst vorzunehmen.

außergewöhnlich; aber Wir, Sie und Ich? Rund acht Milliarden Exemplare auf einem für diese Masse viel zu kleinen Planeten? Ich bitte Sie!

Sind sie immer noch der Meinung Sie seien trotzdem ein Individuum exorbitanter Güte?

Keine Angst, den Gegenbeweis das Sie es nicht sind, werde ich schon antreten.

Es tut mir leid (wenn auch nur bedingt), Ihnen dies so schroff und dennoch absolut frei von emotionalen Einflüssen und somit relativ objektiv auf Ihren ``*besonderen*`` Lebensweg mitgeben zu müssen.

Das Sie ein bemerkenswerter Mensch sind existiert nur in Ihren Hirnwindungen und denen Ihres Partner oder Partnerin, gleichwohl noch in der Vorstellungswelt Ihres Arbeitgebers, um Sie bei Laune zu halten und um natürlich Ihre ach so wertvolle und unersetzliche Arbeitskraft nutzen zu dürfen.

Machen Sie sich doch nichts selber vor und glauben an die grenzenlose Heilkraft der Hightech-Medizin die fast alles macht und nur wenig kann.

Verharren Sie weiterhin im Glauben an die schöne Illusion das Sie sicher und frei leben würden.

Meinen Sie im ernst, ein schönes Auto und noch dazu mit angeblichem umweltfreundlichen Elektroantrieb, eine tolle Loft Wohnung und ein prächtiges Gehalt, dazu ein paar gute Freunde zum Kegeln oder Joggen im langweiligen Stadtpark machen Ihr Dasein aus?

Der große Dichter und Zeichner Wilhelm Busch kann Ihnen in der Hinsicht zumindest etwas Hoffnung geben

Dummheit ist auch eine natürliche Begabung.
(https://zitatezumnachdenken.com/wilhelm-busch/528 Aufruf 11/2020)

Okay, man kann es so oder auch anders sehen. Natürlich, dass wissen selbst Sie, kommt es nur auf die Perspektive an. Oder?

Beim morgendlichen ersten Blick in den Bade-zimmer-Spiegel empfinden Sie sich als ausgesprochen schön, hübsch, smart oder markant um nur einige wohlfeile Umschreibungen zu nennen. Was Sie aber da mit Süffisanz betrachten ist nur eine Hülle aus chemischen Elementen und geldwertig betrachtet allenfalls ein paar Euro teuer. Punkt!

Ja, mehr ist nicht. Es sei denn, Sie berechnen noch Ihren Gegenwert hinsichtlich der Hormone, Enzyme, Transmitter und anderer Stoffe hinzu, die Sie zu dem machen was Sie sind. Dann blättert Ihnen der Apotheker ein paar Scheine mehr auf den Ladentisch.

Doch reich werden Sie damit auch nicht.

Ach ja, Sie meinen mehr Ihre mentalen, psychischen oder wie auch immer in diese Richtung geartete Qualitäten würden Ihrer Persönlichkeit entsprechen? Aber sicher, ganz bestimmt, und natürlich als Krone der Schöpfung sehen wir da mehr: Unser Ich, unser Selbst oder dieses abstrakte Etwas, dass wir darstellen wollen oder müssen, diese schlüpfrigen Deutungen der Psychologie oder ihrer vermeintlich gebildeteren Schwester der Philosophie, die unsere Fantasie noch nähren wir seien eine ganz besondere Spezies.

Das Ich, dieses aus ein paar Träumen, Fantasien und Gefühlen gezimmerte Selbstbild, dieser subjektive und synchron scheinbar reale Bewußtseinszustand existiert gar nicht; außer natürlich in unseren Gehirnen und dort in irgendwelchen Gebilden und Formationen, die feine anatomische Namen tragen und dennoch hinsichtlich ihrer Funktion nicht mehr als pure Spekulation hergeben. Mit etwas Wohlwollen kann man noch von Theorie sprechen und da hört der Spaß schon auf. Denn auf diesem Gebiet, nennen Sie es Neurowissenschaften, Neurobiologie oder schlicht Hirnforschung steht so gut wie nichts fest. Punkt.

Ja, da könne Sie nun schauen wie Sie wollen und empört den PC anwerfen um bei Google nachzusehen. Sie werden keine andere Antwort finden.

Um es zunächst einmal sehr salopp zu formulieren: Schminken Sie sich ganz schnell die Idee ab, Sie wären oder hätten eine unvergleichliche und einzigartige Persönlichkeit. Nur Ihr selbstgefällig dreinblickendes Gesicht vermittelt Ihnen diesen schönen und bequemen Eindruck.Weder Sie noch Ich besaßen jemals ein *persönliches Selbst* oder sind es gar. Alles Mummpitz, Quatsch und Unsinn!

Das was wir besitzen ist ein Gehirn welches uns durch das Leben begleitet, eine Vielzahl von Funktionen generiert und sich selbst dabei beobachten kann, sozusagen die Fähigkeit zum scannen besitzt. Mehr herauszuholen ist hier schon wieder nichts. Um es ganz simpel zu deskribieren; Sie und Ich agieren und reagieren auf bestimmte Situationen und ihr rund 1,5 kg schweres Gehirn suggeriert Ihnen, jenes sei gut für ihr weiteres Leben und das andere eben nicht.

Nur in den völlig übersättigten und konventions-trächtigen meist westlichen, sogenannten Kulturen kam man durch Philosophaster zu der *weisen* Erkenntnis, der Mensch und seine Physis seien etwas Besonderes.

Zum Zeitpunkt unserer Geburt, wenn wir scheinbar heranreifen um im günstigsten Fall eine *gestandene* Persönlichkeit nach Ansicht ihrer vielen Mitmen-schen darstellen, so hat das wenig mit Genetik oder anderen dubiosen biologischen oder biochemischen

Faktoren zu tun, sondern zum einen mit dem unge-
liebten und teilweise verleugneten Zufall, zum
anderen mit den äußeren Bedingungen unter denen
Sie ein *ganzer* Mensch werden.

Schon vor der ersten Konfrontation ihrer Augen mit
dem Erdenlicht, noch bevor Sie den Geburtskanal
ihrer Mutter verlassen haben, besitzen Sie nur noch
fünfzig Prozent an Chancen etwas zu werden. Die
andere Hälfte ist bereits durch Ihren Namen vertilgt
worden. Ich sage da nichts Neues.

Denn, ob Sie nun als Meier, Müller oder Schmitz die
ersten grellen Lichtstrahlen dieser Welt erblicken
oder einen Vater, Opa oder Onkel mit dem Namen
Siemens, Krupp oder Porsche vorweisen können ist
für Ihren weiteren Lebensweg von eminenter,
ja vitaler Bedeutung, um es theatralisch auszu-
drücken. Selbstverständlich!

Nein, natürlich nicht, sind Sie der naiven und,
Pardon, infantilen Meinung?

Sie gehören dann auch noch zu der Rubrik jener die
denken, mit Fleiß, Ausdauer und harter Arbeit
könnten Sie und Ich etwas erreichen? Eine Schnaps-
idee, wie sich noch herausstellen wird.

Wissen Sie denn immer noch nicht, das statistisch
gesehen rd. 85% aller Vermögen in deutschen
Landen vererbt wurden, diese Glücklichen also
durch ein oder mehrere Blätter Papier namens
Testament in die spirituellen Sphären der vermeint-

lichen Einzigartigkeit katapultiert wurden? Ohne jemals zuvor auch nur ansatzweise einen einzigen salzigen Tropfen Schweiß produziert zu haben.

Viel Glück gehabt, so einen tüchtigen und gleichsam *glücklichen* Papa oder Großvater, meinetwegen auch die Mama oder Großmutter, um (was immer dieser Unfug mit dem gendern soll), auch geschlechtneutral zu bleiben, in den eigenen familiären Banden aufweisen zu können,

Für den liebreizenden Sohnemann oder die ebenso geliebte Filia ist dann für den ersten Schritt ins zukünftige Leben gesorgt,

Abitur, Studium: Kein Problem. Für die Stützen und Hilfen ist alles angelegt und handverlesen. Opa und Omi sei dank. Es wird sich im Ruhme gesonnt, ist erst mal das Abi geschafft. Wow, was für eine Leistung, die **jeder Hans Wurst** mit anatomisch normal ausgeprägten Hirnstrukturen spielend erbringen könnte und auch kann.

Das anschließende prestigehaltige Studium ist dann auch kein Problem. Jedenfalls finanziell nicht. Denn eben so wie der bereits erwähnte hohe Schulabschluß braucht man auch zu diesem Zwecke keine nennenswerten intellektuellen Ressourcen.

Die von Mutter Natur mitgegebene Möglichkeit reicht bei weitem aus.

Um dies hier mit Mark Twain abzuschließen

Das einzig Intelligente an ihm ist sein Weisheitszahn.

Wie hätten Sie es denn gerne? Wollen Sie sich lieber als „*Ich*" bezeichnen oder doch eher als (mein „*Selbst*"? Suchen Sie es sich in aller Ruhe aus. Allerdings, welchen dieser Begriffe Sie auch auswählen um damit Ihre Persönlichkeit oder anders gesagt Ihre Person zu benennen, ist eigentlich egal. Denn offensichtlich existieren Sie und Ich gar nicht. Alles nur ein Illusion, so z. B. Der Buddhismus, zu dem ich später noch kommen werde. Doch nicht nur die buddhistischen Lehren haben da ihre, nun ja, schlagenden Argumente.

Nehmen Sie das Gebiet der Elektronenmikroskopie. Irgendwann ist die Auflösung so groß, dass Sie praktisch nur noch die Atome, ja, mehr erahnen als sehen. Praktisch sehen sie nichts. Denn die noch kleineren Quarks und ihre Kollegen bis hin zu den sog. Präonen...

Ich breche mal an dieser Stelle ab. Fazit daraus: Unter einem Elektronenmikroskop würde man uns nicht sehen. Grob gesagt. Wie einfach und geradezu infantil sich hier Quantenphysik und der Begriff der Leerheit im Buddhismus sich ergänzen und als kompatibel erweisen.

Sie sind immer noch der festen Überzeugung eine autarke und eigenständige Persönlichkeit zu sein? Dann geht es auch etwas wissenschaftlicher. Ganz wie Sie es wünschen.

Die Entwicklung der Persönlichkeit folgt keiner inneren Logik und keinem im Vorhinein angelegten (genetischen oder göttlichen) Plan. Sie vollzieht sich vielmehr in ständiger Interaktion mit der Umwelt, was dem Zufall ein großes Einfallstor öffnet und weshalb eine Änderung der äußeren Bedingungen eine derart dramatische Wandlung von eingeübten Verhaltensweisen bewirken kann, dass sie von Dritten gerne als „eine komplette Veränderung der Persönlichkeit" interpretiert wird, obwohl sie eher ein deutlicher Hinweis darauf ist, dass es überhaupt keine Persönlichkeit gibt. Und wenn wir überzeugt sind, dass wir selbst im Milgram-Experiment niemals die vermeintlich tödlichen Stromschläge ausgeteilt und uns niemals diensteifrig unter Hitlers Nazi-Schergen eingereiht hätten, könnte dies ein großer Irrtum sein.

Niels Birbaumer-
DEIN GEHIRN WEISS MEHR ALS DU DENKST-
Ullstein Verlag Berlin 2014 S. 33
TASCHENBUCHAUSGABE

Als gebildete und gereifte Persönlichkeit werden Sie wohl in der Lage sein, selbst zu recherchieren wer Herr Niels Birbaumer und das Milgram-Experiment darstellt. Adolf Hitler dürfte Ihnen ja wohl ein Begriff sein. Ich muß Ihnen nun wirklich nicht alles erklären. Als Homo sapiens, technicus oder wie auch immer haben Sie doch den kulturellen Backround. Oder etwa nicht? Und Sie sind auch noch mächtig stolz auf auf diesen Background, auf diese Kultur, auf diese menschliche Errungenschaft, die dazu beiträgt, dass die gesamte Menschheit fast am Rande ihrer weiteren Existenz steht, Stichwort Klimawandel. Die festen Willens ist, mit ein paar Elektroautos und Windkrafträdern das Klima beeinflussen zu können? Die, wie der unerschütterliche Glaube an einen gütigen und allwissenden Gottvater meint, sie könne mit der Produktion von ein paar Plastiktüten weniger und dem Verzicht auf Umverpackungen die Weltmeere retten?

Die zusieht, wie täglich rd.24000 Menschen an bloßem Hunger sterben und zuschaut, dass immer noch Zahnstocher aus Holz produziert werden und im gleichen Atemzug verkündet, man werde vermehrt Zahnstocher aus Kunststoff herstellen, wegen der Umwelt ?!

Doch um nicht mögliche Aussagen dieses Buches vorwegzunehmen, zunächst zurück zum Thema.

Es ist schon erstaunlich, wie sich der Buddhismus und die wissenschaftliche Hirnforschung ergänzen. Darum ist es unerlässlich, etwas über diesen spirituellen Ansatz zu berichten und spezielle Äußerungen darzustellen.

Als etwa im Jahre 560 v. Chr. Der Begründer des Buddhismus, ein Mann namens Gautama oder auch Siddharta, in einer scheinbar adeligen, wohlsituierten familiären Umgebung geboren wurde, mangelte es ihm zunächst an nichts. Höchstwahrscheinlich dachte er auch nicht im Traume daran, dass man ihn eines Tages einmal den *„Erleuchteten"* oder auch *„Erwachten"* nennen würde.

So schlenderte er dann durch sein sorgenfreies, anfängliches Leben und ließ Gott Indra einen guten Herrscher sein. Schließlich heiratete er und war bald Vater eines kleinen Sohnes.

Allerdings muß er nach der Geburt seines Jungen mit Namen Rahula dessen Namensbedeutung, nämlich „Fessel", allzu wörtlich genommen haben, um dann sang-und klanglos ihn und seine Mutter zu verlassen um in den weiten Auen des mächtigen Ganges-Flusses den Worten weiser Lehrer und Gurus zu lauschen.

So bevorzugte er schließlich das Leben eines Asketen auf der mühseligen Suche nach den wahren Dingen des Seins und war sich selbst zum Betteln nicht zu schade.

Das Ziel der buddhistischen Perspektive ist letztlich das Erlangen des *Nirwana,* jenem Bewußtseinszustand den selbst die Buddhisten nicht so glasklar definieren können. Denn einmal ist es vollkommene Ruhe und Glück, ein anderes Mal das Erlöschen von allen Vorstellungen, das Sein löst sich auf, es gibt kein Karma und keine Wiedergeburt mehr...

Damit endet hier meine kurze Reise in die Welt des Buddhismus, allerdings nicht ohne einen allgemeinen Überblick über diese Religion zu geben.

Noch ein Hinweis: Vergessen Sie beim weiteren Lesen des Buches nie das Beispiel mi dem Elektronenmikroskop.

Die Gundlagen von Buddhas Lehre

Buddha erklärte, wie die Welt funktioniert - also was letztendlich wirklich und was bedingt ist. Dieses Verständnis ermöglicht das Erleben dauerhaften Glücks. Es gibt Leid: Solange der Geist sich nicht selbst erkannt hat, gehört zum Leben zwar Freude, aber auch Leid. Insbesondere Alter, Krankheit und Tod sind unvermeidbar und werden als leidvoll erlebt.

1. *Leid hat eine Ursache: Es gibt Ursachen, warum der Geist sich nicht selbst erkennt und man nicht dauerhaftes Glück erlebt.*

2. *Es gibt ein Ende des Leids: Jeder kann seinen Geist erkennen und damit den Zustand des Leidens beenden und dauerhaftes Glück erfahren (Zustand der Erleuchtung).*

3. *Es gibt einen Weg zum Ende des Leids: Buddha hat über 45 Jahren gelehrt, wie man sich auf dem Weg zur Erleuchtung machen kann und letztendlich dauerhaftes Glück erfährt.*

Dabei kennt Buddhas Lehre keine Dogmen - nichts muss geglaubt oder ohne

Prüfung vorausgesetzt werden. Ihr Ziel ist die volle Entfaltung der einem jeden innewohnenden Möglichkeiten. Zum Aufbau von Wissen hinzu kommen Meditationen als das praktische Mittel, um dauerhaftes Glück zu erreichen: Durch sie wird das Verstandene zur eigenen Erfahrung. Ergänzend achtet man vor allem im Theravada darauf, leidbringendes Verhalten zu vermeiden. Im Mahayana verschiebt sich dieser Schwerpunkt auf die Vermeidung von Zorn, im Varayana darauf, die Welt stets aus einer reichen und selbstbefreienden Sichtweise heraus zu erfahren.

Ausgehend vom Wirken des historischen Buddha entwickelte sich der Buddhismus zu einer Weltreligion mit ununterbrochener Überlieferung. Sie wendet sich an alle suchenden Menschen. Dabei stellt sie den Menschen immer in seine eigene Verantwortung (siehe Ursache und Wirkung). Sie zeichnet sich zudem durch Toleranz und Gewaltlosigkeit aus.

Karma ist ein zentraler Begriff im Buddhismus. Er bedeutet nicht Schicksal, sondern das Zusammenwirken von Ursache und Wirkung: Jeder ist für sein eigenes Leben verantwortlich. Dieses Verständnis ermöglicht es, durch bewusstes Handeln Eindrücke im Geist aufzubauen, die zu Glück führen und künftiges Leid vermeiden.

Damit hängt jedoch keine gleichgültige Einstellung gegenüber dem Leid anderer zusammen, denn ein Buddhist geht davon aus, dass alle Menschen ständig aus dem Streben nach Glück heraus handeln. Der Grund für leidbringende Handlungen wie Töten, Diebstahl, sexueller Missbrauch oder Betrug liegt darum nicht in etwaiger "Bosheit", sondern darin, dass sich die Handelnden der Gesetzmäßigkeit von Ursache und Wirkung nicht bewusst sind.

Wer Leid erlebt, hat sich also die Ursachen dafür in der Vergangenheit selbst geschaffen. Dies ist jedoch aus Unwissenheit geschehen und kann jetzt nicht mehr rückgängig gemacht werden. Darum sollte ein Buddhist unvoreingenommen und couragiert helfen, wo immer es möglich ist.

Im Vajrayana lässt sich Karma, das noch nicht in Form von Erlebnissen reif geworden ist, verändern: Positives kann verstärkt, Negatives abgebaut werden.

https://buddhismus.de/grundlagen/ Aufruf 09/2022

Soweit also eine Interpretation über den Buddhismus. Aber auch das scheint Sie als intellektuellen modernen Europäer nicht sonderlich zu beeindrucken.

Sie stellen sich bestimmt jetzt die Frage: Ja und, was will dieser eigenartige Autor denn jetzt von mir hören?

Das Ich nun nach der tollen und gleichsam langweiligen Textpassage über den Buddhismus zum selbigen konvertiere, um auf den weisen Spuren des Buddha oder einem seiner Vertreter zu wandeln? Nö, ganz bestimmt nicht. Dafür haben die gemachten Aussagen wenig gereicht. Auch die Einlassung von irgendeinem Hirnforscher hat mich bis jetzt nicht wirklich tangiert.

Sie sind von der ganz harten Sorte, wie?

Ein Homo technicus durch und durch.

Doch schon diese wenigen Bemerkungen von mir haben in Ihnen schon etwas bewirkt: Nämlich die Tatsache, dass, wenn immer mehr Argumente Ihre starren Gedankengänge überfluten, Sie beginnen, alles mit enormer und teilweise übertriebener Vehemenz zu verteidigen. Und dies ist wiederum ein untrügliches Zeichen dafür, dass Ihre äußerst fragile Gedankenwelt anfängt, Risse zu bekommen. Wetten?

Zum besseren Verständnis und um es einfacher darstellen zu können, muß ich noch etwas ausholen. Das wird zwar Ihre intellektuellen Gedankengänge strapazieren, doch kümmern mag mich das wenig.

Glauben Sie tatsächlich daran, die Vergangenheit restaurieren zu können?

Denken Sie wirklich ernsthaft, dass elektrische Autos auch nur einen Millimeter Eis am Nord - oder am dahinschmelzenden Südpol erstarren lassen?

Wo leben Sie denn? Sie sind auch so einer, der absolut davon überzeugt ist, dass Windkrafträder und andere Energiequellen eines nicht fossilen Ursprungs einen Klimawandel aufhalten kann? Wir haben es nicht mit einem *Klimawandel* zu tun, sondern mit einer *Änderung des Klimas*, wie es der Planet Erde von Anbeginn bis heute sukzessive erfährt. Auch ohne das zerstörerische Eingreifen des Menschen in natürliche Systeme, was das Ganze allerdings etwas forciert hat. Hatten Sie wirklich geglaubt, Europa würde keinen Krieg mehr vor der eigenen Haustüre sehen? Nun, die Balkan-Krise und jetzt der Krieg in der Ukraine, den eigentlich jeder Stammtischpolitiker absehen konnte, belehren uns etwas anderes.

Aber Sie glauben noch an den Osterhasen, oder?

Denken Sie auch…

Nein, schon wieder muß ich mich selber zur Ordnung rufen, um nicht allzu faktiös zu wirken.

Ich möchte Sie ja nun mit reinen Fakten überzeugen und nicht meine persönliche Meinung darlegen, Denn die ist soviel Wert wie die Ihrige. Oder auch nicht.

Also zurück zum Ich, der Persönlichkeit, dem Selbst, oder wie immer Sie sich bezeichnen wollen.

Ad nauseam usque, lautet ab nun die Maxime. Demzufolge darf ich Ihnen nun einen wissenschaftlichen *Batzen* vorlegen, der zwar aus dem Jahr 2004 stammt, allerdings bis zum heutigen Tage nichts an seiner Aussagekraft eingebüßt hat, wie Sie danach noch lesen werden. Denn die im neurowissenschaftlichen Manifest gemachten Bestandsaufnahmen sind fast identisch mit dem aktuellen Status quo. Punkt.

Was wissen und können Hirnforscher heute?

Angesichts des enormen Aufschwungs der Hirnforschung in den vergangenen Jahren entsteht manchmal der Eindruck, unsere Wissenschaft stünde kurz davor, dem Gehirn seine letzten Geheimnisse zu entreißen. Doch hier gilt es zu unterscheiden: Grundsätzlich setzt die neurobiologische Untersuchung des Gehirns auf drei verschiedenen Ebenen an. Die oberste erklärt die Funktion größerer Hirnareale, beispielsweise spezielle Aufgaben verschiedener Gebiete der Großhirnrinde, der Amygdala oder der Basalganglien. Die mittlere Ebene beschreibt das Geschehen innerhalb von Verbänden von hunderten oder tausenden Zellen. Und die unterste Ebene umfasst die Vorgänge auf dem Niveau einzelner Zellen und Moleküle. Bedeutende Fortschritte bei der Erforschung des Gehirns haben wir bislang nur auf der obersten und der untersten Ebene erzielen können, nicht aber auf der mittleren.

Verschiedene Methoden ermöglichen einen Einblick in die oberste Organisationsebene des Gehirns: Bildgebende Verfahren wie die Positronenemissionstomografie (PET) und die funktionelle Magnetresonanztomografie (fMRT), die den Energiebedarf von Hirnregionen messen, besitzen eine gute räumliche Auflösung, bis in den Millimeterbereich. Zeitlich gesehen hinken sie den Vorgängen allerdings mindestens um Sekunden hinterher. Die klassische Elektroenzephalografie (EEG) dagegen misst die elektrische Aktivität von Nervenzellverbänden quasi in Echtzeit, gibt aber nicht genau Aufschluss über den Ort des Geschehens. Etwas besser – etwa im Zentimeterbereich – liegt die räumliche Auflösung bei der neueren Magnetenzephalografie (MEG), mit der sich die Änderung von Magnetfeldern um elektrisch aktive Neuronenverbände millisekundengenau sichtbar machen lässt. Insbesondere durch die Kombination mehrerer dieser Technologien können wir das Zusammenspiel verschiedener Hirnareale darstellen, das uns kognitive Funktionen wie Sprachverstehen, Bilder erkennen, Tonwahrnehmung, Musikverarbeitung, Handlungsplanung, Gedächtnisprozesse sowie das Erleben von Emotionen ermöglicht. Damit haben wir eine thematische Aufteilung der obersten Organisationsebene des Gehirns nach

Funktionskomplexen gewonnen. Auch hinsichtlich der untersten neuronalen Organisationsebene hat die Entwicklung völlig neuartiger Methoden wie etwa der Patch-clamp-Technik, der Fluoreszenzmikroskopie oder des Xenopus-Oocyten-Expressionssystems zu einem Erkenntnissprung geführt.

Inzwischen wissen wir sehr viel mehr über die Ausstattung der Nervenzellmembran mit Rezeptoren und Ionenkanälen sowie über deren Arbeitsweise, die Funktion von Neurotransmittern, Neuropeptiden und Neurohormonen, den Ablauf intrazellulärer Signalprozesse oder die Entstehung und Fortleitung neuronaler Erregung. Selbst was in einem einzelnen Neuron passiert, können wir mit hoher räumlicher und zeitlicher Auflösung analysieren sowie in Computermodellen simulieren. Dies ist von großer Bedeutung für das Grund legende Verständnis der Arbeitsweise von Sinnesorganen und Nervensystemen sowie für die gezielte Behandlung neurologischer und psychischer Erkrankungen. Zweifellos wissen wir also heute sehr viel mehr über das Gehirn als noch vor zehn Jahren. Zwischen dem Wissen über die obere und untere Organisationsebene des Gehirns klafft aber nach wie vor eine große Erkenntnislücke. Über die mittlere Ebene – also das Geschehen innerhalb kleinerer und größerer Zellverbände, das letztlich den Prozessen auf der obersten Ebene zu Grunde liegt – wissen wir noch erschreckend wenig. Auch darüber, mit welchen Codes einzelne oder wenige Nervenzellen untereinander kommunizieren (wahrscheinlich benutzen sie gleichzeitig mehrere solcher Codes), existieren allenfalls plausible Vermutungen. Völlig unbekannt ist zudem, was abläuft, wenn hundert Millionen oder gar einige Milliarden Nervenzellen miteinander "reden".

Nach welchen Regeln das Gehirn arbeitet; wie es die Welt so abbildet, dass unmittelbare Wahrnehmung und frühere Erfahrung miteinander verschmelzen; wie das innere Tun als "seine" Tätigkeit erlebt wird und wie es zukünftige Aktionen plant, all dies verstehen wir nach wie vor nicht einmal in Ansätzen. Mehr noch: Es ist überhaupt nicht klar, wie man dies mit den heutigen Mitteln erforschen könnte. In dieser Hinsicht befinden wir uns gewissermaßen noch auf dem Stand von Jägern und Sammlern. Die Beschreibung von Aktivitätszentren mit PET oder fMRI und die Zuordnung dieser Areale zu bestimmten Funktionen oder

Tätigkeiten hilft hier kaum weiter. Denn dass sich all das im Gehirn an einer bestimmten Stelle abspielt, stellt noch keine Erklärung im eigentlichen Sinne dar. Denn »wie« das funktioniert, darüber sagen diese Methoden nichts, schließlich messen sie nur sehr indirekt, wo in Haufen von hundert Tausenden von Neuronen etwas mehr Energiebedarf besteht. Das ist in etwa so, als versuchte man die Funktionsweise eines Computers zu ergründen, indem man seinen Stromverbrauch misst, während er verschiedene Aufgaben abarbeitet.

Vieles spricht dafür, dass neuronale Netzwerke als hochdynamische, nicht-lineare Systeme betrachtet werden müssen. Das bedeutet, sie gehorchen zwar mehr oder weniger einfachen Naturgesetzen, bringen aber aufgrund ihrer Komplexität völlig neue Eigenschaften hervor. Repräsentationen von Inhalten – seien es Wahrnehmungen oder motorische Programme – entsprechen hochkomplexen raumzeitlichen Aktivitätsmustern in diesen neuronalen Netzwerken. Um diesen Signalcode zu entschlüsseln, bedarf es wahrscheinlich paralleler Ableittechniken, die eine gleichzeitige Messung an vielen Stellen des Gehirns erlauben.

Doch auch wenn viele Geheimnisse noch darauf warten gelüftet zu werden, hat die Hirnforschung bereits heute einige ganz erstaunliche Erkenntnisse gewonnen. Beispielsweise wissen wir im Wesentlichen, was das Gehirn gut leisten kann und wo es an seine Grenzen stößt. Mit am eindrucksvollsten ist seine enorme Adaptions- und Lernfähigkeit, die – und das ist wohl der überraschendste Punkt – zwar mit dem Alter abnimmt, aber bei weitem nicht so stark wie vermutet. Lange Zeit dachte man, die Hirnentwicklung sei irgendwann in der Jugend abgeschlossen und die neuronalen Netzwerke seien endgültig angelegt. Mittlerweile steht aber fest, dass sich auch im erwachsenen Gehirn zumindest im Kurzstreckenbereich – auf der Ebene einzelner Synapsen – noch neue Verschaltungen bilden können. Außerdem können für bestimmte Aufgaben zusätzliche Hirnregionen rekrutiert werden – etwa beim Erlernen von Fremdsprachen in fortgeschrittenem Alter. Dank dieser Plastizität kann Hans also durchaus noch lernen, was Hänschen nicht gelernt hat – auch wenn es mit den Jahren deutlich schwerer fällt. Die molekularen und zellulären Faktoren, die der Lern-Plastizität zu Grunde liegen, verstehen wir mittlerweile so gut, dass wir beurteilen können, welche Lernkonzepte – etwa für die Schule – am besten an die Funktionsweise des Gehirns angepasst sind. Vor allem aus Tierversuchen wissen wir seit einigen Jahren außerdem, dass sich selbst im erwachsenen Gehirn – zumindest an einigen Stellen – noch neue Nervenzellen bilden. Zum jetzigen Zeitpunkt verstehen wir noch nicht, wie sich bei dieser "Neurogenese" neue Nervenzellen in alte Verschaltungen einfügen und welche Funktion sie dann übernehmen. Die Frage, ob sich eine medikamentös induzierte Neurogenese für ursächliche Therapien von neurodegenerativen Erkrankungen einsetzen lässt, können wir daher im Moment noch nicht beantworten.

Wir haben herausgefunden, dass im menschlichen Gehirn neuronale Prozesse und bewusst erlebte geistig-psychische Zustände aufs Engste miteinander zusammenhängen und unbewusste Prozesse bewussten in bestimmter Weise vorausgehen. Die Daten, die mit modernen bildgebenden Verfahren gewonnen wurden, weisen darauf hin, dass sämtliche innerpsychischen Prozesse mit neuronalen Vorgänge in bestimmten Hirnarealen einhergehen – zum Beispiel Imagination, Empathie, das Erleben von Empfindungen und das Treffen von Entscheidungen beziehungsweise die absichtsvolle Planung von Handlungen. Auch wenn wir die genauen Details noch nicht kennen, können wir davon ausgehen, dass all diese Prozesse grundsätzlich durch physikochemische Vorgänge beschreibbar sind. Diese näher zu erforschen, ist die Aufgabe der Hirnforschung in den kommenden Jahren und Jahrzehnten.

Geist und Bewusstsein – wie einzigartig sie von uns auch empfunden werden – fügen sich also in das Naturgeschehen ein und übersteigen es nicht. Und: Geist und Bewusstsein sind nicht vom Himmel gefallen, sondern haben sich in der Evolution der Nervensysteme allmählich herausgebildet. Das ist vielleicht die wichtigste Erkenntnis der modernen Neurowissenschaften.

Was wissen und können Hirnforscher in zehn Jahren?

Was wir in zehn Jahren über den genaueren Zusammenhang von Gehirn und Geist wissen werden, hängt vor allem von der Entwicklung neuer Untersuchungsmethoden ab. Das "Wo" im Gehirn, über das uns heute die funktionelle Kernspintomographie Auskunft gibt, sagt uns noch nicht, "wie" kognitive Leistungen durch neuronale Mechanismen zu beschreiben sind. Für einen echten Fortschritt in diesem Bereich benötigen wir ein Verfahren, das die Registrierung beider Aspekte in einem ermöglicht.

Wie entstehen Bewusstsein und Ich-Erleben, wie werden rationales und emotionales Handeln miteinander verknüpft, was hat es mit der Vorstellung des "freien Willens" auf sich? Die großen Fragen der Neurowissenschaften zu stellen ist heute schon erlaubt – dass sie sich bereits in den nächsten zehn Jahren beantworten lassen, ist allerdings eher unrealistisch. Selbst ob wir sie bis dahin auch nur sinnvoll angehen können, bleibt fraglich. Dazu müssten wir über die Funktionsweise des Gehirns noch wesentlich mehr wissen.

Sehr wohl aber kann es der Hirnforschung innerhalb der nächsten Dekade gelingen, Erkenntnisse zu erarbeiten, die für Antworten auf diese übergeordneten Fragen entscheidend sein werden. So wollen wir herausfinden, wie Schaltkreise von Hunderten oder Tausenden Neuronen im Verbund des ganzen Gehirns Information codieren, bewerten, speichern und auslesen. Die mittlere Ebene – die Untersuchung der Arbeitsweise von kleineren Bereichen des Nervensystems, von Mikroschaltkreisen – gelangt also zunehmend in den Mittelpunkt der Forschung. Das bisher übliche Verfahren, solche Fragen an Gehirnschnitten zu untersuchen, gehört dann wahrscheinlich der Vergangenheit an, da es nur Momentaufnahmen in einem nicht mehr als Ganzen funktionierenden Schaltwerk darstellen kann. Stattdessen können wir in zehn Jahren wahrscheinlich die räumliche und zeitliche Verteilung von neuronaler Erregung bis auf die Ebene aller beteiligten Neurone in einem Mikroschaltkreis mit bildgebenden Verfahren hoher zeitlicher Auflösung im intakten Nervensystem erfassen. Multiple-Photonenmikroskopie, funktionelle Farbstoffe und molekulargenetische Methoden versetzen uns in die Lage, die Regeln des Informationsflusses innerhalb einzelner Neurone und im Verbund von Neuronen zu erkennen.

Voraussetzung für all diese Experimente ist aber, dass die untersuchten Tiere – denn an diesen werden die Versuche vor allem stattfinden – nicht narkotisiert sind und aufgrund schmerzfreier Verfahren ihr natürliches Verhalten zeigen. Nur dann ist es möglich, die Hirnaktivität dieser Tiere beim aktiven Lösen von Aufgaben zu beobachten und dabei die wichtigste Funktion des

Gehirns, seine Produktivität und Spontaneität, in die Analyse miteinzubeziehen.

Ganz wesentlich unterstützt wird das Verständnis der Arbeitsweise von Mikroschaltkreisen durch eine detailreiche Modellierung mit Hochleistungsrechnern. Diese Modellierung orientiert sich zukünftig allerdings weniger an den heutigen Konzepten der Informatik und künstlichen Intelligenz als vielmehr an den wirklichen physiologischen Vorgängen. Und zwar nicht nur an denen der unteren Ebene – einzelnen Neuronen mit ihren Ausstattungen an Kanälen und Rezeptoren, ihren wahren Gestalten und ihren plastischen Eigenschaften –, sondern vor allem auch an den neuronalen Prozessen der bisher noch so wenig verstandenen mittleren Ebene, wie sie beim Lernen, beim Erkennen und Planen von Handlungen vorkommen. So wird sich neben der experimentellen Neurobiologie die theoretische Neurobiologie als Forschungsdisziplin durchsetzen, die dann ähnlich wie die theoretische Physik innerhalb der Physik eine große Eigenständigkeit besitzt.

Am Ende der Bemühungen werden die Neurowissenschaften sozusagen das kleine Ein-Mal-Eins des Gehirns verstehen. Daraus lassen sich dann strenge Hypothesen zum Studium übergeordneter Hirnfunktionen ableiten: beispielsweise wie das Gehirn seine zahlreichen Subsysteme so koordiniert, dass kohärente Wahrnehmungen und koordinierte Aktionen entstehen können. Ohne diesen entscheidenden Zwischenschritt über die "mittlere" Organisationsebene bleiben die Aussagen über den Zusammenhang zwischen neuronal beobachtbarer Aktivität und kognitiven Leistungen weiterhin spekulativ.

Vor allem was die konkreten Anwendungen angeht, stehen uns in den nächsten zehn Jahren enorme Fortschritte ins Haus. Wahrscheinlich werden wir die wichtigsten molekularbiologischen und genetischen Grundlagen neurodegenerativer Erkrankungen wie Alzheimer oder Parkinson verstehen und diese Leiden schneller erkennen, vielleicht von vornherein verhindern oder zumindest wesentlich besser behandeln können. Ähnliches gilt für einige psychische Krankheiten wie Schizophrenie und Depression. In absehbarer Zeit wird eine neue Generation von Psychopharmaka entwickelt werden, die selektiv und damit hocheffektiv sowie

27

nebenwirkungsarm in bestimmten Hirnregionen an definierten Nervenzellrezeptoren angreift. Dies könnte die Therapie psychischer Störungen revolutionieren – auch wenn von der Entwicklung zum anwendungsfähigen Medikament noch etliche weitere Jahre vergehen werden.

Zudem werden Neuroprothesen wie intelligente Ersatzgliedmaßen oder das künstliche Ohr immer weiter perfektioniert. In zehn Jahren haben wir wahrscheinlich eine künstliche Netzhaut entwickelt, die nicht im Detail programmiert ist, sondern sich nach den Prinzipien des Nervensystems organisiert und lernt. Das wird unseren Blick auf das Sehen, auf die Wahrnehmung, vielleicht auf alle Organisationsprozesse im Gehirn tief greifend verändern. Ebenso werden uns die zu erwartenden weiteren Fortschritte in der Hirnforschung vermehrt in die Lage versetzen, psychische Auffälligkeiten und Fehlentwicklungen, aber auch Verhaltensdispositionen zumindest in ihrer Tendenz vorauszusehen – und "Gegenmaßnahmen" zu ergreifen. Solche Eingriffe in das Innenleben, in die Persönlichkeit des Menschen sind allerdings mit vielen ethischen Fragen verbunden, deren Diskussion in den kommenden Jahren intensiviert werden muss.

Was werden Hirnforscher eines Tages wissen und können?

In absehbarer Zeit, also in den nächsten 20 bis 30 Jahren, wird die Hirnforschung den Zusammenhang zwischen neuroelektrischen und neurochemischen Prozessen einerseits und perzeptiven, kognitiven, psychischen und motorischen Leistungen andererseits soweit erklären können, dass Voraussagen über diese Zusammenhänge in beiden Richtungen mit einem hohen Wahrscheinlichkeitsgrad möglich sind. Dies bedeutet, dass man widerspruchsfrei Geist, Bewusstsein, Gefühle, Willensakte und Handlungsfreiheit als natürliche Vorgänge ansehen wird, denn sie beruhen auf biologischen Prozessen.

Eine "vollständige" Erklärung der Arbeit des menschlichen Gehirns, das heißt eine durchgängige Entschlüsselung auf der zellulären oder gar molekularen Ebene, erreichen wir dabei dennoch nicht. Insbesondere wird eine vollständige Beschreibung des individuellen Gehirns und damit eine Vorhersage über das Verhalten einer bestimmten Person nur höchst eingeschränkt gelingen. Denn einzelne Gehirne organisieren sich aufgrund genetischer Unterschiede und nicht reproduzierbarer Prägungsvorgänge durch Umwelteinflüsse selbst – und zwar auf sehr unterschiedliche Weise, individuellen Bedürfnissen und einem individuellen Wertesystem folgend. Das macht es generell unmöglich, durch Erfassung von Hirnaktivität auf die daraus resultierenden psychischen Vorgänge eines konkreten Individuums zu schließen.

Im Endeffekt könnte sich eine Situation wie in der Physik ergeben: Die klassische Mechanik hat deskriptive Begriffe für die Makrowelt eingeführt, aber erst mit den aus der Quantenphysik abgeleiteten Begriffen ergab sich die Möglichkeit einer einheitlichen Beschreibung. Auf lange Sicht werden wir entsprechend eine "Theorie des Gehirns" aufstellen, und die Sprache dieser Theorie wird vermutlich eine andere sein als jene, die wir heute in der Neurowissenschaft kennen. Sie wird auf dem Verständnis der Arbeitsweise von großen Neuronenverbänden beruhen, den Vorgängen auf der mittleren Ebene. Dann lassen sich auch die schweren Fragen der Erkenntnistheorie angehen: nach dem Bewusstsein, der Ich-Erfahrung und dem Verhältnis von erkennendem und zu erkennenden Objekt. Denn in diesem zukünftigen Moment schickt sich unser Gehirn ernsthaft an, sich selbst zu erkennen.

Dann werden die Ergebnisse der Hirnforschung, in dem Maße, in dem sie einer breiteren Bevölkerung bewusst werden, auch zu einer Veränderung unseres Menschenbildes führen. Sie werden dualistische Erklärungsmodelle – die Trennung von Körper und Geist – zunehmend verwischen. Ein weiteres Beispiel: das Verhältnis von angeborenem und erworbenem Wissen. In unserer momentanen Denkweise sind dies zwei unterschiedliche Informationsquellen, die unserem Wahrnehmen, Handeln und Denken zu Grunde liegen. Die Neurowissenschaft der nächsten Jahrzehnte wird aber ihre innige Verflechtung aufzeigen und herausarbeiten, dass auf der mittleren Ebene der Nervennetze eine solche Unterscheidung gar keinen Sinn macht. Was unser Bild von uns Selbst betrifft, stehen uns also in sehr absehbarer Zeit beträchtliche Erschütterungen ins Haus. Geisteswissenschaften und Neurowissenschaften werden in einen intensiven Dialog treten müssen, um gemeinsam ein neues Menschenbild zu entwerfen.

Aller Fortschritt wird aber nicht in einem Triumph des neuronalen Reduktionismus enden. Selbst wenn wir irgendwann einmal sämtliche neuronalen Vorgänge aufgeklärt haben sollten, die dem Mitgefühl beim Menschen, seinem Verliebtsein oder seiner moralischen Verantwortung zugrunde liegen, so bleibt die Eigenständigkeit dieser "Innenperspektive" dennoch erhalten. Denn auch eine Fuge von Bach verliert nichts von ihrer Faszination, wenn man genau verstanden hat, wie sie aufgebaut ist. Die Hirnforschung wird klar unterscheiden müssen, was sie sagen kann und was außerhalb ihres Zuständigkeitsbereichs liegt, so wie die Musikwissenschaft – um bei diesem Beispiel zu bleiben – zu Bachs Fuge Einiges zu sagen hat, zur Erklärung ihrer einzigartigen Schönheit aber schweigen muss.

© *Gehirn und Geist*
Magazin | *13.10.2004* |
http://www.spektrum.de/thema/das-manifest/852357

Nun, wie war die Lektüre? Spätestens jetzt müßte Ihr Selbstbild, Ihre *innere Schau von sich selbst* doch gehörige Einbußungen erfahren haben.

Immer noch nicht? Das denke ich schon. Denn an dieser Stelle etwas zu ignorieren wäre synonym mit sich selbst etwas vormachen. Mit plumperen Worten ausgedrückt: Man will vor lauter Borniertheit den Wald nicht sehen, kann seine überaus komfortabele Ideologie nicht in Frage stellen.

Doch auch hier habe ich wieder ein kleines Zitat zur Hand, dass Ihnen wenigstens etwas Verständnis für ihre ansonsten wenig aussichtsvolle Situation gibt. Der Philosoph und Theologe Wilhelm Dilthey schlägt für Sie eine Bresche.

Der Einfluß des Denkens ... entspringt aus der inneren Notwendigkeit, in einem unsteten Wechsel der Sinneswahrnehmungen, Begierden und Gefühle ein Festes zu stabilisieren, das eine stetige und einheitliche Lebensführung möglich macht."

*WILHELM DILTHEY in RAINER WIEHL (Hrsg),
Geschichte der Philosophie, Bd.8, Stuttgart 1981, Seite 195*

Das Resümee der neurowissenschaftlichen Bestandsaufnahme ist eher ernüchternd denn von revolutionärem Charakter.

Die Funktionen der unteren bzw. der oberen Ebene des Gehirns sind, zumindest was den *technischen* Bereich angeht, mehr oder weniger erklärbar.Wenn gleich dies auch schon vor dem Jahr 2004 in etlichen Hypothesen und Theorien formuliert worden ist.

Bevor ich allerdings weiter fortfahre mit meinen Erläuterungen, zunächst eine Reflexion der Neurowissenschaften, Pro domo, sozusagen.

Im Jahr 2004 wurde ein anspruchsvolles „ Manifest der Neurowissenschaftler " verfasst, das ein optimistisches Bild der damaligen Lage und von zukünftigen Optionen der Neurowissenschaften skizzierte So wisse man bereits, welche Lernkonzepte – etwa für die Schule – die besten seien (S. 33). Das Manifest beeindruckte unsere wissenschaftliche Öffentlichkeit tief, sodass es nun 10 Jahre nach dieser Positionierung besonders interessant ist, seine Aussagen und die anvisierten Ziele zu überprüfen. Das Manifest war ein wichtiger Impuls, diese Forschungsrichtung sehr ernst zu nehmen, es wurden Erwartungen geweckt, aber auch Widersprüche hervorgerufen.

Die Bilanz des mittlerweile Erreichten ist allerdings ernüchternd. Das liegt aber nicht nur an mangelnden methodischen Durchbrüchen, unerwartet zeitaufwendiger Entwicklungsarbeit für Medikamente, fehlenden Forschungsgeldern, unzureichenden Organisationsstrukturen der Forschung und auch an der „zu kurzen" Zeitspanne, sondern zu großen Teilen an wissenschaftssystematischen Schwierigkeiten der

Neurowissenschaften. Wären die unbefriedigenden Ergebnisse allein durch technische und organisatorische Probleme bedingt, dann wären vielleicht die Ziele noch nicht erreicht, aber eine Annäherung an diese wäre erkennbar. Das Ausbleiben einer solchen Entwicklung liegt auch nicht daran, dass eine differenzierte Fachlichkeit nicht leicht in einer gehobenen Umgangssprache abzubilden ist oder dass Medien die Aussagen überzeichnet hätten. Es liegt im Wesentlichen an Unzulänglichkeiten im Bereich der Theorie und Methodologie der Neurowissenschaften. Die genauere Betrachtung des Manifests führt nämlich zu der Vermutung, dass Hirnforscher oft von impliziten erkenntnistheoretischen und wissenschaftstheoretischen Annahmen ausgehen, die sie das Erklärungspotenzial der Hirnforschung überschätzen lassen.

Wären diese Ansprüche und ihre Probleme nur von theoretischer Bedeutung, so wäre eine Diskussion weniger wichtig. Offensichtlich hat aber die Öffentlichkeit aus vielerlei Gründen an den praktischen Erfolgen der Hirnforschung großes Interesse. Die Klärung des wahren Potenzials der Neurowissenschaft sowie der Bedingungen, unter denen sich dieses Potenzial am besten entwickeln kann, ist deshalb keine rein akademische Aufgabe, sondern hat beträchtliche soziale Konsequenzen.

2. Gesellschaftliche Bedeutung

Psychiatrische und neurologische Erkrankungen machen nach Einschätzung der WHO heute einen Großteil aller Erkrankungen aus. Diese Situation wird sich noch verschärfen. Deshalb wird von klinisch tätigen Ärzten sowie von Patienten und deren Angehörigen nichts sehnlicher erwartet als Fortschritte der Neurowissenschaften. Auch bestehen gesellschaftliche Erwartungen zur Frage der neurobiologischen Früherkennung und Einschätzung von potenziellen Gewalttätern. Schließlich ist das Verständnis des Gehirns von größter Bedeutung für das anthropologische Selbstverständnis des Menschen. Mit unseren Konzepten vom Gehirn und dem Geistigen ist die rechtliche, soziale und kulturelle Ordnung unserer Gesellschaft eng verbunden. Es geht also um nichts weniger als die Frage: Was ist der Mensch?

3. Einige Feststellungen und Prognosen des Manifests

Was haben nun die Neurowissenschaftler damals versprochen, und was haben sie gehalten? Blickt man 10 Jahre zurück, so sind zwar Fortschritte in der Neurobiologie erkennbar, aber es ist nicht viel Sensationelles in Forschung und Praxis zu vermelden. Das Manifest prognostiziert hingegen (S. 36): „In absehbarer Zeit wird eine neue Generation von Psychopharmaka entwickelt, die selektiv in bestimmten Hirnregionen an definierten Nervenzellrezeptoren angreift. Dies könnte die Therapie psychischer Störungen revolutionieren."

Für die Behandlung psychiatrischer und neurologischer Erkrankungen sind Medikamente zwar ein wichtiger Bestandteil der Therapie. Es war aber bereits vor 10 Jahren bekannt, dass spezielle Medikamente, ob sie auf einen oder mehrere spezifische Rezeptortypen einwirken, keine wesentliche therapeutische Effektsteigerung bringen und darüber hinaus problematische Nebenwirkungen auslösen können. Die Schwierigkeit für die aktuell eher stagnierende Entwicklung von Psychopharmaka besteht darin, dass die molekularen Hirnmechanismen, die beim Auftreten von psychischen Erkrankungen relevant sind, in vielfältiger Weise funktionell eng miteinander verbunden sind. Diese molekularen Netzwerke erschweren auch das Verstehen der psychischen Wirkung von Drogen.

Derzeit ist bei verschiedenen psychiatrischen und neurologischen Erkrankungen die Anwendung von Elektroden zur tiefen Hirnstimulation sehr beliebt. Dieses Verfahren ist bereits aus Tierexperimenten der 1960er Jahre bekannt. Die heutige breite Anwendung dieser Methode lässt jedoch erkennen, dass sie zwar effektiv, aber nur verhältnismäßig unspezifisch wirksam ist. Auch das ist durch die hochgradige Vernetzung neuronaler Schaltkreise erklärbar. Das entsprechende Konzept vom Gehirn als Netzwerk hat in den letzten Jahren zu der Vorstellung krankheitsspezifischer Netzwerktypen geführt, wobei diese Grundhypothese mangels systematischer empirischer Daten noch nicht gut belegt ist. Lernende künstliche Netzhäute des Auges und Neuroprothesen, wie sie im Manifest gelobt werden (S. 36), sind weiterhin eher Zukunftsmusik. Bisherige Erfolge beschränken sich auf wenige Fälle, in denen nur eine rudimentäre Wiederherstellung von

Funktionen gelungen ist.

Zweifellos haben in den vergangenen 10 Jahren einige Bereiche der Neurologie, vor allem die Neurochirurgie und die Neurorehabilitation, einen guten Fortschritt gemacht. Eingriffe sind heute möglich, von denen man vor einigen Jahren nur träumen konnte. Doch betrachtet man diese Fortschritte genauer, so findet man ihren Grund in der Entwicklung der Technik, allem voran der digitalen Technologien, und nicht im erweiterten Wissen über die zugrunde liegenden Prozesse im Gehirn.

Auch in der experimentellen Hirnforschung ist technisch-apparativ einiges vorangekommen: Wenn man auf die Optogenetik blickt, auf Multi-Elektroden-Ableitungen, auf das Fibertracking und Untersuchungen im Ruhezustand („resting state"), auf Methoden der Identifikation der Verbindungen von Gehirngebieten etwa in Form des Projekts des Human Connectome, auf das Human Brain Project als Programm der Rekonstruktion des menschlichen Gehirns – dann liefert all dies immer detailliertere Beschreibungen. Und das ist gut so! Die Hirnforschung scheint allerdings von der Grundannahme auszugehen, dass mit höherer Detailtreue der Empirie auch das Verständnis der Mechanismen zunimmt. Da ist zu fragen: Bedeuten mehr „Daten", in gleichem Maße mehr „erklären" und „verstehen" zu können? Diese Fragen berühren das philosophische Gebiet der Wissenschaftstheorie. Die Einbindung entsprechender philosophischer Kompetenzen könnte zu vertiefter Reflexion über das Erkenntnispotenzial der Neurowissenschaften führen.

4. Die Verortung des Psychischen im Gehirn

Zu dem jahrhundertealten Projekt, Zuordnungen zwischen psychischen Funktionen und Gehirnstrukturen zu treffen, sagen die Autoren des Manifests, dass sie „…eine thematische Aufteilung der obersten Organisationsebene des Gehirns nach Funktionskomplexen" gewonnen hätten (S. 31).Damit nicht genug (S. 33): „Die Daten, die mit modernen bildgebenden Verfahren gewonnen wurden, weisen darauf hin, dass sämtliche innerpsychischen Prozesse mit neuronalen Vorgängen in bestimmten Hirnarealen einhergehen – zum Beispiel Imagination,

Empathie, dem Erleben von Empfindungen und dem Treffen von Entscheidungen beziehungsweise der absichtsvollen Planung von Handlungen." Hier ist zunächst erkennbar, dass unausgesprochene philosophische Überzeugungen zum ontologischen Verhältnis von innerpsychischen Prozessen und Gehirnvorgängen einfließen.

Es wird außerdem unterstellt, dass „sämtliche" psychischen Funktionen, also auch alle Emotionen bereits experimentell untersucht worden sind. Das ist schlichtweg unzutreffend, sodass diese Aussage bestenfalls als Hypothese, aber nicht als Befund zu werten ist. Zum anderen wäre es falsch, den Sachverhalt eines „Einhergehens" als Beweis kausaler Zusammenhänge zu verstehen. Tatsächlich gehört es zu den Grundtatsachen der mathematischen Statistik, dass Korrelationen allein keine Kausalität begründen. Psychische Phänomene gehen auch mit der Aktivität des Herzens, des vegetativen Nervensystems und der gesamten Muskulatur einher. So wie man im Prinzip ohne Hirnrinde nicht denken kann, kann man ohne Arme keine Bäume fällen, ohne Beine nicht gehen und ohne Augen nicht sehen. Es ist außerdem sicher, dass auch molekulare und elektrische Prozesse in Gliazellen mit psychischen Prozessen „einhergehen". Die Gleichsetzung des Gehirns mit Nervenzellen, womöglich sogar nur mit solchen der Großhirnrinde, ist also bereits eine zu eng gefasste Reduktion, denn letztlich könnten auch Sauerstoff und Glukose als notwendige Bedingungen der Gehirnaktivität und damit von psychischen Prozessen angesehen werden. Findet man deshalb parallel zu psychischen Prozessen und Zuständen Gehirnaktivitäten, dann ist deren Spezifität nachzuweisen. Andernfalls gleitet man in unzeitgemäße Trivialitäten ab.

Es zeigt sich darüber hinaus bereits seit Jahrzehnten, dass eine eindeutige Struktur-Funktion-Zuordnung mit erheblichen Unschärfen verbunden ist. Das stellt sich besonders eindrucksvoll am Beispiel des Sehens dar, an dem mehr als 30 Hirnareale mit etwa 900 Verbindungswegen beteiligt sind. Es verwundert daher auch nicht, dass ein Gehirnareal wie der präfrontale Kortex multiple Funktionen wie Sehen, Bewerten, Gedächtnis, usw. aufweist. Die Frage, auf welcher Organisationsebene und mit welcher Ortsauflösung einzelne psychische Funktionen realisiert werden, dürfte deshalb am Problem vorbeigehen. Hier setzen bereits die neueren Konnektivitätsanalysen an. Das Gehirn ist wegen seiner hochgradigen Rückkopplung seiner Areale als ein operational geschlossenes System – oder aktueller formuliert: als ein „Netzwerk"– zu charakterisieren. Sinngemäß gilt somit grundsätzlich: Eine psychische Funktion wird an mehreren Gehirnorten realisiert, und ein Gehirnort ist an mehreren Funktionen beteiligt.

Darüber hinaus müssen die psychologischen Termini,die neurobiologisch „erklärt" werden sollen, vorher genau abgegrenzt und auch messtechnisch definiert werden. Nur so können sie von dem unscharfen Bedeutungsfeld der gehobenen Umgangssprache abgegrenzt werden. Anders gesagt: Die Qualität der Zuordnung einer Funktion zu einer Struktur hängt wesentlich von der Präzision der Definition des jeweiligen Funktionsbegriffs ab. Um z.B. Aufmerksamkeit bestimmten Orten im Gehirn zuzuordnen, muss man zuerst klären, was die Aufmerksamkeit wissenschaftlich-psychologisch gesehen ist. Bei entsprechenden Präzisierungsbemühungen geht aber leicht der Bezug zum phänomenalen Erleben abhanden, was die Gültigkeit der Aussagen zusätzlich mindert. Dieses Problem ist vor allem für die Psychiatrie bedeutsam, da eine „Verortung" psychischer Krankheiten im Gehirn bisher oft nicht oder nur zum Teil gelungen ist und aus den genannten Gründen auch kaum zu erwarten ist. Es ist also festzustellen, dass die methodologischen Probleme der Zuordnungen von Strukturen und Funktionen, wie sie in der modernen Philosophie des Gehirn-Geist-Problems diskutiert werden, von den Neurowissenschaftlern nur unzureichend berücksichtigt worden sind.

Die Vernachlässigung der erkenntnistheoretischen Problematik, in der Hirnforschung Struktur-Funktion-Beziehungen herzustellen, die grundlegend in der Perspektivendifferenz zwischen der subjektiven Erste-Person-Perspektive und der objektiven Dritte-Person-Perspektive bestehen zeigt zugleich, dass die Forschungsressourcen zu wenig in wichtige Bereiche der Grundlagenforschung gelenkt werden: Es müsste nämlich mehr in den Bereich der Theorie des Gehirns investiert werden, statt nahez ausschließlich auf die Ausweitung der Datenbanken zu setzen, die bereits so komplex sind, dass sie kaum mehr übersehbar und damit auch immer weniger verstehbar sind.

5. Methodologische Grundfragen – das Gehirn-Geist-Problem

Die Autoren des Manifests erwecken den Eindruck, bereits über die Lösung des Gehirn-Geist-Problems zu verfügen (S. 33): „Wir haben herausgefunden, dass im menschlichen Gehirn neuronale Prozesse und bewusst erlebte geistig-psychische Zustände ... auf das Engste miteinander zusammenhängen und unbewusste Prozesse bewussten in bestimmter Weise vorausgehen." Wen wundert es? Die Einsicht der Hirnabhängigkeit psychischer Prozesse reicht im Prinzip teilweise bis Hippokrates und - was das Unbewusste betrifft - bis Sigmund Freud und sogar bis Friedrich Nietzsche zurück. Sie ist also nicht der modernen Neurowissenschaft zu verdanken, obwohl sie nun eng mit Letzterer verknüpft ist. Es ist klar: „Ohne Gehirn ist alles nichts!" Man hat jedoch noch nie von „freilaufenden" Gehirnen gehört. Das heißt „ Das Gehirn ist nicht alles. " Ohne Körper und ohne Bezüge zu dessen Umgebung ist es auch ein „Nichts"! Das entspricht nicht nur der Alltagsrealität, sondern auch heutigen anerkannten analytischen Positionen der Philosophie des Geistes. Es geht also nicht um das „Dass", sondern um das „Wie" des „Zusammenhängens" und des „Vorausgehens".

Dazu führen die Autoren des Manifests aus (S. 33): „Auch wenn wir die genauen Details noch nicht kennen, können wir davon ausgehen, dass all diese Prozesse grundsätzlich durch physikochemische Vorgänge beschreibbar sind." Das ist Metaphysik, aber nicht empirische Neurobiologie. Beispielsweise hohe Dopamin- und Endorphinkonzentrationen in bestimmten Gehirnregionen einem Lustzustand zuzuordnen bedeutet nicht, dass psychische Phänomen Lust als physikochemisches Phänomen treffend „beschreiben" zu können. Außerdem bedeutet eine Beschreibung noch keine wissenschaftliche Erklärung: Man kann z.B. Geldscheine physikalisch als Papierstücke beschreiben, aber ihre Erklärung ist nur mithilfe der Wirtschaftswissenschaft möglich.

Dennoch behaupten die Autoren des Manifests (S. 36): „Das bedeutet, man wird widerspruchsfrei …. Geist, Bewusstsein,

Gefühle, Willensakte und Handlungsfreiheit als natürliche Vorgänge ansehen, denn sie beruhen auf biologischen Prozesse." Es fragt sich bei dieser Behauptung, etwa in Hinblick auf die Willensfreiheit, wie es möglich ist, „freie" und „unfreie" biologische Prozesse voneinander zu unterscheiden. Aber vor allem ist die Vermischung von notwendigen und hinreichenden Bedingungen schwerwiegend, da in einem sehr trivialen Sinne alle menschlichen Leistungen „auf biologischen Prozessen beruhen", denn man muss

z.B. atmen, um etwas zu leisten, woraus jedoch nicht folgt, dass alle menschlichen Leistungen als Atmung „angesehen" werden können.

Hier zeigen sich also allzu einfache Verursachungstheorien.

Es wird sogar gesagt (S. 33): „Geist und Bewusstsein sind nicht vom Himmel gefallen, sondern haben sich in der Evolution des Nervensystems allmählich herausgebildet … das ist vielleicht die wichtigste Erkenntnis der modernen Neurowissenschaften …" Mit derartigen spekulativen Aussagen wird, vom Leser unbemerkt, der Übergang von der Naturwissenschaft zur Naturphilosophie und letztlich zur Metaphysik vollzogen. Und die evolutionsbiologische Aussage, dass das Bewusstsein sich im Laufe der Geschichte der Arten entwickelte, hat wenig zu tun mit einer neurobiologischen Aussage, dass wir das Funktionieren dieses Bewusstseins auch nur annähernd verstehen.

Aber schließlich folgt mit einem Anflug von epistemischer Selbstbegrenzung die überraschende Aussage (S. 33): „….Nach welchen Regeln das Gehirn arbeitet; wie es die Welt so abbildet, dass unmittelbare Wahrnehmung und frühere Erfahrung miteinander verschmelzen; wie das innere Tun als ‚seine' Tätigkeit erlebt wird und wie es zukünftige Aktionen plant, all dies verstehen wir nach wie vor nicht einmal in Ansätzen. Mehr noch: Es ist überhaupt nicht klar, wie man dies mit den heutigen Mitteln erforschen könnte."

Es ist in der Tat eine große Herausforderung, zu verstehen, „ wie ein Gehirn seine zukünftigen Aktionen plant," denn wir kennen „Planen" nur beim Menschen und bei intelligenteren Tieren. Das sind jedoch komplexe Organismen, nicht einzelne, vom Körper abgekoppelte Organe, die weder Sinnes- noch Ausdrucksfunktione

39

aufweisen. Ein Gehirn kann sich deshalb auch nichts „merken".
Die Eigenschaft, auf eine erneute Reizung stärker zu reagieren, ist
als solche ebenso wenig schon der Ausdruck einer
„Gedächtnisfunktion", wie es die Eigenart einer Fensterscheibe ist,
nach einem Steinwurf einen Sprung aufzuweisen. Beachtet man
diesen Unterschied nicht, so ist der Weg in einen allgemeinen
Animismus nicht mehr weit, der doch gerade durch die
Aufklärung, zu deren hartem Kern die Neurowissenschaft gehören
möchte, beseitigt werden sollte. Nicht das Gehirn erlebt, sondern
der Mensch.

Ein grundsätzliches Problem der Hirnforschung besteht also darin,
dass sie derzeit noch über keine differenzierte und übergreifende
Gehirntheorie verfügt. Sie muss daher mit fokalen Hypothesen
operieren, welche zu Schlussfolgerungen führen, die nicht selten
übermäßig generalisiert werden. Ein Beispiel dafür ist die Frage
nach der Sprache des Gehirns (S. 33):

„Um diesen Signalcode zu entschlüsseln, bedarf es wahrscheinlich
paralleler Ableitetechniken, die eine gleichzeitige Messung an
vielen Stellen des Gehirns erlauben". Es wird also wiederum auf
technologische Fortschritte gesetzt, wobei das prinzipielle Problem
übersehen wird, wie die damit gemessenen komplexen
Aktivitätsmuster „entschlüsselt" werden können. Die bei der
Analyse komplexer Datensätze anwendbaren mathematischen
Methoden steigern nämlich an sich und nach allem, was wir heute
wissen, den Erkenntniswert nicht wesentlich über die Aussage
hinaus, dass das Gehirn ein extrem komplexes dynamisches System
ist, dessen Besonderheiten bei neurologischen und psychiatrischen
Erkrankungen sich der unmittelbaren Anschauung noch immer
entziehen. Störungen wichtiger „Gehirnmarker" (EEG, evozierte
Potenziale) lassen sich häufig nur auf der Ebene mathematischer
Transformationen identifizieren. Des Öfteren fehlt dabei – und dies
ist wesentlich – das Verständnis der betreffenden
Wirkmechanismen. Die allgemeine Akzeptanz einer theoretischen
Neurobiologie, ähnlich der theoretischen Physik, ist demnach erst
in der Zukunft zu erwarten. Die Autoren des Manifests waren hier
weitaus optimistischer (S. 33):

„So wird sich neben der experimentellen Neurobiologie die theoretische Neurobiologie als Forschungsdisziplin durchsetzen, die dann ähnlich wie die theoretische Physik innerhalb der Physik eine große Eigenständigkeit besitzt.

Wir meinen, dass die obige Behauptung zwar auf eine sehr wünschenswerte, aber leider noch nicht erreichte Situation zielt. Bei diesem Projekt der Etablierung einer theoretischen Neurowissenschaft, die auf der Computational Neuroscience aufbauen kann, kommt der Einbindung der bereits interdisziplinär und durchaus mathematisch operierenden Systemforschung bzw. Systemwissenschaft eine Schlüsselrolle zu, insofern sie ausdrücklich den Systemcharakter des Gehirns berücksichtigt: Die zirkuläre, rückgekoppelte Kausalität im Gegensatz zur kaskadierten Kausalität und ebenso die unterschiedlichen Skalen, auf denen sich unterschiedliche Phänomene abspielen, sind Schlüsselprobleme im Verstehen der Gehirnprozesse, da vor allem durch verzögerte Rückkopplungsprozesse komplexe Aktivierungsmuster entstehen können. Eine entsprechende nichtlineare Dynamik kann bereits bei zwei unterschiedlich operierenden rückgekoppelten Elementen auftreten (Aktivator-Inhibitor-System). Zum Beispiel: Ein Aktivator eines zugeschalteten Inhibitors empfängt von diesem über die Rückkopplung eine Hemmung, welche die Aktivität des Aktivators mindert. Dies führt in der Folge zur Minderung der Aktivität des Inhibitors, sodass der Inhibitor mit seiner Rückkopplung den Aktivator wieder weniger hemmt, der nun wieder stärker aktiv werden kann usw. Ein solches Minisystem kann also oszillierendes Verhalten zeigen. Wenn man nun bedenkt, dass bei zirka 10^{11} Neuronen mit ihren insgesamt zirka 10^{14} Schaltstellen jedes Neuron durchschnittlich nach drei oder vier dazwischen- geschalteten Neuronen wieder ein Feedback bekommt, dann wird verständlich, dass, solange die Hirnforschung noch nicht von starken Theorien mit zugehöriger Begriffsbildung geleitet wird, die gesamte neuronale Netzwerkdynamik unübersehbar und unverstehbar bleiben muss. Denkt man weiterhin an die Vielzahl der Gliazellen, dann wird das Ausmaß des Nichtverstehens der Prozesskomplexität des Gehirns noch deutlicher. Das war auch 2004 -, seit den Darlegungen von Kybernetikern wie Valentino von

*Braitenberg und Heinz von Foerster - bereits 20 Jahre lang
bekannt.*

*Woran es also fehlt, ist eine Fundierung der Neurowissenschaften
durch eine systemische Methodologie, die nicht nur die äußerst
potenten, aber damit oft komplizierten mathematischen Methoden
nutzt, sondern auch die erkenntnistheoretische Seite des Verstehens
komplexer, sich nicht linear verhaltender Systeme behandelt. Der
kompetente Umgang mit Computersimulationen als Heuristik kann
dabei ein wichtiges Hilfsmittel sein. Mathematik als solche ist in
diesem Zusammenhang nicht ausreichend, denn parallel dazu sind
konzeptuelle Theorieentwicklungen nötig. Derartige Gehirntheorien
müssten allerdings wieder auf die Ebene der
Allgemeinverständlichkeit und des qualitativen Verstehens
zurückgeführt werden können, damit die notwendig
interdisziplinäre Arbeit insgesamt Erkenntnisgewinne einbringt.
Dies bedeutet nicht nur eine Herausforderung an die Mathematik,
und zwar wegen der nötigen Interdisziplinarität auch in offener,
gegenseitiger Verständlichkeit. Außerdem ist eine viel engere
Zusammenarbeit zwischen Experiment und per se mathematisch
ausgerichteter Theorie erforderlich.*

7. Menschenbild – Gebiet der philosophischen Anthropologie

*Die Autoren des Manifests glauben, dass die Neurobiologie das
Menschenbild verändern wird (S. 36):*

*„Was unser Bild von uns selbst betrifft, stehen uns in sehr
absehbarer Zeit beträchtliche Erschütterungen ins Haus." Man
werde ja erkennen und verstehen, „wie [das Gehirn] das innere
Tun als ‚seine‘ Tätigkeit erlebt … und wie es zukünftige Aktionen
plant
… (S. 33). Diese Aussage lässt erkennen, dass hier der Mensch mit
seinem Gehirn gleich gesetzt oder darauf reduziert wird. Es wird
dem Gehirn die Fähigkeit des Organismus, des Menschen
zugeschrieben, was ähnlich abwegig ist, wie einen Transistor
bereits als Radio anzusehen. In der Alltagssprache ist es gang und
gäbe, geistige Funktionen einzelnen Körperteilen („Meine Ohren
können seine Reden nicht mehr hören!") oder sogar
Außenobjekten („Mein Auto freut sich, wenn es diese Autobahn
fährt") metaphorisch zuzuordnen. Ist das „neue Menschenbild", in*

42

dem nicht ich sondern mein Gehirn sieht, fühlt und Handlungen plant, tatsächlich mehr als eine solche Metapher? Bringt uns die einfache Umschreibung der Funktionen vom Geist auf das Gehirn wirklich weiter? Was ist gewonnen, wenn wir sagen „Mein Mandelkern ist im Erregungszustand" statt „Ich fürchte mich"? Das metaphorische Denken ist für die Wissenschaft unentbehrlich, aber es lassen sich damit keine sachlichen Zusammenhänge begründen. Es ist, wie Bennett und Hacker (2003) sagten, völlig in Ordnung, vom „Fuß" eines Berges zu sprechen, solange man nicht nach dessen Schuh sucht.

Allerdings ist im Manifest auch Bescheidenheit zu erkennen (S. 36): „Insbesondere wird eine vollständige Beschreibung des individuellen Gehirns und damit eine Vorhersage über das Verhalten einer bestimmten Person nur höchst eingeschränkt gelingen. Denn einzelne Gehirne organisieren sich aufgrund genetischer Unterschiede und nicht reproduzierbar Prägungsvorgänge durch Umwelteinflüsse selbst, und zwar auf sehr unterschiedliche Weise, individuellen Bedürfnissen und einem individuellen Wertesystem folgend." Hier werden plötzlich neben rein biologischen Ursachen die Ursachen ganz anderer – sozialer, ethischer – Ebenen eingeführt (Werte), und das bedeutet, dass die Autoren bereit sind, ihr gerade aufgebautes hirndeterministisches Menschenbild zugunsten eines anderen, integrativen aufzugeben, denn „Geisteswissenschaften und Neurowissenschaften werden in einen intensiven Dialog treten müssen, um gemeinsam ein neues Menschenbild zu entwerfen" (S. 37).

Diesem Satz stimmen wir vollständig zu, aber es genügt nicht, ihn als Fußnote wissenschaftlichen Erklärungen hinzuzufügen. Denn dieser Dialog muss organisiert und institutionalisiert werden, aber zunächst nur, um zu überprüfen, ob wirklich ein neues Menschenbild erforderlich ist. Es sind vielmehr wesentliche neurowissenschaftliche Befunde mit Fachvertretern zu diskutieren, die aus verschiedenen Bereichen kommen und die jeweils einen Einblick in einen anderen, angrenzenden Bereich haben. Auf diese Weise wäre die erforderliche integrative Interdisziplinarität realisierbar und nicht nur eine assoziative Interdisziplinarität. Das allerdings wird durch die bisweilen zu starre fakultäre Struktur von

Universitäten behindert – beispielsweise wären hier interdisziplinäre Zentralinstitute hilfreich!

8. Disziplinäre Zuständigkeit

Welche wissenschaftlichen Disziplinen sind den Neurowissenschaften zuzuordnen? Genügt es, einfach den gemeinsamen Gegenstand, nämlich das Gehirn als Kriterium zu wählen? Welche Position haben dann die Psychologie und jene Disziplinen, die über das Medium Sprache mit den Versuchspersonen arbeiten und dabei also nur indirekt Hirnfunktionen und nicht etwa elektrische Gehirnaktivität messen und prüfen? Ist ein derartiger Methodenmix hinreichend aussagekräftig? Diese Fragen lassen sich durch die Analyse der spezifischen Fachbegriffe, Methoden und Modelle klären. Dabei sind die Mathematik und Methodik der Systemwissenschaft mitihrerKompetenz der Analyse komplexer dynamischer Systeme äußerst hilfreich.

In Hinblick auf diese Aufgaben erscheint uns vor allem die Einbindung der Philosophie wichtig, insofern sie eine jahrhundertelange Erfahrung mit Grundfragen zu unserem Wissen von der Welt hat, und im Besonderen zu Fragen des Menschenbildes (philosophische Anthropologie), der Ethik und der Wissenschaftstheorie wertvolle Erkenntnisse einbringen kann. Eine Aufgabe der Philosophie ist, alltagsweltliche und wissenschaftliche Weltbilder zu verbinden, auch was ethische Aspekte betrifft.
Philosophie kann auf diese Weise den Neurowissenschaften vor allem Anregungen zur Nachdenklichkeit geben, um der Gefahr eines methodisch-technischen Aktionismus und drohender Überinterpretation naturwissenschaftlicher Befunde zu begegnen. Diese philosophische Betrachtungsweise fehlt im Konzept der Neurowissenschaftler, so wie sie sich im Manifest äußerten.

Wir meinen daher, dass eine weitgefasste Neurobiologie, die experimentelle, klinische und theoretische Arbeitsansätze beinhaltet, gemeinsam mit der Psychologie, der Systemwissenschaft und der Philosophie die beste Basis für eine nachdenkliche („reflexive") Neurowissenschaft bzw. für eine interdisziplinär fundierte

44

„Neurophilosophie" ausmacht, die nötig ist, die Neurobiologie bei ihrer weiteren Entwicklung zu begleiten. Multidisziplinär qualifizierte Akteure in dieser Plattform der Nachdenklichkeit könnten eine bessere Anschlussfähigkeit garantieren, um nicht in Einseitigkeiten und Polarisierungen unnötig Kräfte zu verlieren. Diese Praxisform einer auf Kooperation ausgerichteten Neurowissenschaft wäre sogar als „nichtreduktive" Neurowissenschaft zu bezeichnen.

9. Fazit: Auf dem Weg zu einer reflexiven Neurowissenschaft

Jetzt scheint ein wichtiger Zeitpunkt der Zäsur des damals im Manifest Angedachten zu sein. Es zeigt sich als entscheidender Mangel, dass bislang keine empiriegestützte Gehirntheorie im Sinne einer umfassenden Gesamtschau entwickelt werden konnte. Angesichts beeindruckender Fortschritte der formalen Methoden in der Hirnforschung scheint dies eine seltsame Behauptung zu sein. Die Erfolge der mathematisch begründeten Neurowissenschaften beschränken sich jedoch auf die Vorhersage wohldefinierter sensorischer und kognitiver Leistungen. Von einer Erklärung der gesamten subjektiven Aspekte der Hirntätigkeit (im Manifest: „Geist, Bewusstsein, Gefühle, Willensakte und Handlungsfreiheit") sind wir jedoch noch immer weit entfernt. Die Klärung der entsprechenden Begriffe versuchen die Philosophie und die Geistes- und Gesellschaftswissenschaften seit langem.

Die erfolgreiche Theorieentwicklung in den Neurowissenschaften kann daher nur auf einer interdisziplinären Basis stattfinden. Das setzt aber voraus, dass sowohl Geisteswissenschaftler den empirischen Wissenschaften offen gegenüberstehen müssten, wie sich auch Hirnforscher von den Spuren einer Missachtung gegenüber den nicht-experimentierenden Wissenschaften befreien sollten. Einige dieser Wissenschaften mögen arm an empirischen Daten sein, sie können aber dafür wichtige Kompetenzen in der kritischen Interpretation der Befunde, in der sorgfältigen Formulierung der empirisch zu erforschenden Fragen besitzen, die, wie wir sehen, der noch jungen Hirnforschung so oft fehlen. Interdisziplinarität als integrierte Kultur ist also nötig; weder eine „friedliche Koexistenz" verschiedener (neurobiologischer, psychologischer, philosophischer) Ansichten noch assoziative Konsortien reichen aus. Transdisziplinarität, die auch die praktischen Erkenntnisse der klinischen Neurofächer einbindet, wäre allerdings besonders wertvoll. Auf diese Weise könnten Neurowissenschaftler in einer nichtreduktiven Weise mehr der nötigen Nachdenklichkeit praktizieren und eine „reflexive Neurowissenschaft" realisieren. Die Unterzeichner des vorliegenden Textes bemühen sich seit mehreren Jahren um einen derartigen inter- und transdisziplinären Diskurs und sehen dieses Memorandum als Anstoß, diesen Diskurs zu konsolidieren.

https://www.psychologie-heute.de/gesundheit/artikel-detailansicht/42273-memorandum-reflexive-neurowissenschaft.html . Aufruf 11/2022

Das war das Statement in eigener Sache. Wie gehabt ist allein die mittlere Ebene des Gehirns, faktisch die *Meta-Daten-Bank,* jenes cerebrale Areal, welches alles Geschehen steuert und das ureigenste Selbst des Gehirns darstellt, nicht zu definieren.
Trotz High-Tech-Unterstützung hochauflösender Gerätschaften, Computer-gestützter Untersuchungs-

verfahren und subtilsten Messmethoden wird auch in nächster Zukunft die Frage offen bleiben, wer wir sind, was wir sind. Ob Sie das nun akzeptieren können oder sich weiter in Ihrer lauwarmen Komfortzone suhlen wollen: Es ist die ihrige Entscheidung. Doch allzu weit werden Sie mit dieser Einstellung nicht kommen. Erklärungsversuche hinsichtlich bestimmter Erkrankungen wie Morbus Parkinson, Alzheimer, der multiplen Sklerose oder auch der Depressionen warten noch heute geduldig auf eine Antwort. Zelluläre Ebene hin, molekulares Geschehen her. Die medikamentöse Therapie mit Antidepressiva und anderen Medikamenten ist auch nicht so berauschend, wie es meist, wen wundert es, von den sie vertreibenden Pharmakonzernen, beschrieben wird. Es ist, wie so oft in der heren Medizin, ein herumstochern im dichten Nebel. Denn, je mehr im Detail geforscht wird (*beachte das Elektronenmikroskop*), um so komplexer wird die ganze Angelegenheit. Ob denn tatsächlich alles auf biologischen Prozessen basiert, bleibt bei allem Respekt vor der Thematik, abzuwarten. Ohne hier esoterisch werden zu wollen: die Metaphysik wird eine tragende Rolle spielen. Wir sehen es im Moment nur noch nicht, da ein Großteil der Menschheit immer noch dem materiellen Wahn verfallen ist. Und ein anderer, nicht zu vernachlässigender Anteil, ist schlichtweg am verblöden.

"Zur Markierung und Artikulierung des in beständigem Fluß befindlichen und in ununterbrochenem raumzeitliche Konnex stehenden Wirklichen, zur exakten Gliederung des Realen, zur Vermeidung vager Angaben, treffen wir unter den Elementen der Wirklichkeit eine willkürliche Auswahl, und ziehen Striche und Grenzen, wo keine sind."

*Die Philosophie des Als-
Ob, Berlin 1911, Seite 470
Hans Vaihinger*

Ihnen ist schon bewusst, dass Ihre momentane schöne Lebenssituation fast ausschließlich auf glücklichen Zufällen beruht und Sie in ganz für ihren weiteren Lebensweg entscheidenden Situationen, einfach nur Glück gehabt haben. Punkt. Ja, natürlich oder sind Sie schon so pathologisch borniert, dass Sie die bisher gemachten Ausführungen nicht rational analysieren können? Tut mir leid aber ich muss Ihnen so kommen, denn scheinbar verstehen Sie keine andere Sprache. Ich habe versucht, Ihnen das, was Sie nicht sehen können, umgangssprachlich darzulegen, als auch mit wissenschaftlicher Assistenz. Somit werde ich Ihnen dann nochmals mit neuesten akademischen Erklärungen daherkommen, damit Sie dann verstehen, was für ein Produkt Sie und Ich sind.

Bei den angeblich unveränderlichen Eigenschaften einer Persönlichkeit handelt es sich also meistens um Merkmale, auf die keine Änderungsreize einwirken, so dass man sie leicht für konsistent halten kann. Sofern sich jedoch eine entsprechende Situation einstellt, in der das Gehirn mit der betreffenden Eigenschaft nicht mehr weiterkommt, keinen Effekt mehr erzielen kann, entfaltet es wieder seine volle Flexibilität-und der Charakter fällt zusammen wie ein Kartenhaus.

(Niels Bierbaumer-Dein Gehirn weiß mehr als Du denkst. Seite 54)

Sozusagen wenn der Schein trügt bzw. wie eine Fahne im Wind, um es einmal frei mit meinen eigenen Worten zu übersetzen. Oder um es mit Friedrich Schiller in seinem Wallenstein auszu-drücken

Von der Parteien Gunst und Hass verwirrt, schwankt sein Charakterbild in der Geschichte

Was nun, stellt sich immer in einer bekannten Fern-seh-Polit-Sendung die Frage. Wie auch immer ich jetzt fortfahre (natürlich weiß ich schon wie), sind

Sie immer noch nicht so ganz überzeugt ?!
Na klar, bei diesen Brocken an Aussagen
und Argumenten versucht ihr Hirn immer
noch verzweifelt einen Ausweg zu finden,
um doch nicht ganz so, pardon, armselig in
diesem grenzenlosen Meer an Für und Wider
alleine dazustehen.
Aber nur Mut. Rund acht Milliarden Mitmenschen
teilen unsere beiden Schicksale. Wobei Schicksal,
nun, ich halte nicht viel von einem Schicksal, denn
es würde meine Argumentation ad absurdum führen.
Denn es gibt kein Schicksal, nach meiner Ansicht.
Alles Zufall, und zwar purer Zufall. Doch dazu
später in diesem Buch. Da halte ich es eher mit
Schiller`s Piccolomini

In deiner Brust sind deines Schicksals Sterne

Als dann: Zum Schluß dieses Kapitels einen kleinen
Abstrakt, bevor ich mich an den *Zufälligkeiten* des
Lebens versuche.

Ein Bewusstsein, Ihres und meines, existiert nur, weil wir darüber eine Aussage tätigen können, was wir erleben, was wir gerade tun und lassen,wie es uns geht.

Die Annahme, dass es sich beim Bewußtsein um autarke Funktionen handelt, ist eben nur eine Annahme. Eigentlich pure Spekulation.

Wie die verschiedenen Untersuchunsmethoden und Techniken zeigen, arbeiten die entsprechenden Hirnregionen gleichzeitig an unterschiedlichen Aufgaben. Und das bei acht Milliarden Menschen. Natürlich ist das menschliche Gehirn einzigartig- aber eben acht Milliarden Mal.

Und, um schon einmal eine Aussage in diesem Buch zu bekräftigen bzw. zu antizipieren: Glück und Zufälligkeiten überwiegen und überwiegten in Ihrem (und meinem) bisherigen Leben. Nein? Aber sicher doch. Was denken Sie wo Sie heute wären, gäbe es kein Sozialstaat-Gefüge, keine Schulen und die wenigen großen und ganz vielen kleinen Glücks-Zufälle, die Sie zu dem machten, was sie heute sind, so Sie denn immer noch denken, Sie seien etwas besonderes.

Der Zufall
oder
Mache das Beste daraus

Sie sind bestimmt der unerschütterlichen Meinung das es keine Zufälle gibt, das alles, oder doch wenigstens das meiste, was einem Menschen auf seinem Lebensweg widerfährt, eine Art von Vorsehung, Fügung oder das Ergebnis seiner Denk- und Handlungsweise ist?

Allerdings werden Sie mit dieser mentalen Haltung sehr schnell in arge Erklärungsnöte geraten, wie sich noch herausstellen wird, und tatsächlich zu absurden Argumentationen führen muss und wird.

Das ungeborene Kind, welches im Mutterleib noch vor seiner Geburt stirbt, das kleine Mädchen oder der kleine Junge, die von einem pädosexuellen Täter getötet werden, der verstorbene Vater von drei Kindern, der mit vierzig Jahren, ohne je eine Zigarette berührt zu haben oder einen Tropfen Alkohol getrunken zu haben,an einem Herzinfarkt verstirbt, der Achtzehnjähtige, der plötzlich ohne ersichtlichen Grund tot umfällt, die unzähligen, die täglich vor Hunger sterben; sie alle waren der Master-Plan einer (*gar göttlichen*?) Fügung, ein deterministisches Kalkül, dass wenig mit Pech sondern eher mit **Soll so sein zu tun hat** ?

Ich könnte Ihnen jetzt mit den wohlklingendsten wissenschaftlichen Definitionen kommen, was unter einem Zufall zu verstehen ist, was es wohl für verschiedene Arten von Zufällen gibt, ob sie eben deterministisch sein sollen (*Wer hat sich solch einen Blödsinn ausgedacht?*) oder nicht, welche angeblichen (*dubiosen*) Parameter und entsprechende Kausalitäten bei bestimmten Ereignissen zu berücksichtigen seien, die großmäuligen suspekten Erkenntnisse der Philosophie zum Zufall präsentieren oder die albernen und infantilen Zahlenspielereien der Mathematik bzw, der Stochastik aufzeigen. Ja selbst die ehrwürdige alte Jurisprudenz befasst sich mit dem Zufallsprinzip. Doch dies lesen Sie bitte selber nach. Ich werde Ihnen so oder so noch einige *„wissenschaftliche"* Ergebnisse vorlegen, die gelinde ausgedrückt, vom Niveau her dem Ambiente eines Nachtclubs ähneln. Jedenfalls ist dies mein Eindruck. Doch dazu später.

Bedenken Sie einfach die Zufälligkeit Ihres bisherigen Daseins.

All die meist kleinen Entscheidungen, die zu Ihren Gunsten gefällt wurden, die vielen, auch unbewußten Ratschläge, die, wer auch immer, Ihnen wohlwollend mitgegeben hat, selbst Ihre Zeugung und Geburt, Ihre gesamte Vita ist ein phänomenales Konstrukt von mehr oder weniger Zufällen.

Jetzt laufen Sie wohl puterrot an und Ihre Halsschlagadern werden zu mächtigen Strömen bei dieser Unverschämtheit an Behauptungen. Was fällt mir ein, Ihr hart erarbeitetes und gutsituiertes Leben als pure Zufälligkeit abzutun? Natürlich sind Sie ein Glückskeks der überwiegend pures Glück in seinem Leben hatte, dass zum überwiegenden Teil aus puren Zufällen besteht. Ob Sie nun ein angesehener Anwalt, ein erfolgreicher Architekt, ein bekannter Arzt sind oder eben zu einem mehr oder weniger berüchtigten Serienkiller mutieren entscheidet nicht ein verklärt-romantisches Karma oder gar ein göttlicher Wille oder die tollen Gene, die Sie von Ihren Eltern oder dem Opa vererbt haben wollen, sondern einzig und alleine mehrere (*un-*)glückliche Zufälle, mit umso größeren Auswirkungen.
Punkt.

Das Glück
oder
Manche haben`s, Andere nicht

"Niemand kann - selbst bei bester Gesetzeserkenntnis - den
Weg eines Wassertropfens in den Niagarafällen
berechnen/voraussagen, weil die exakte Kenntnis der
Anfangs-, Rand- und Systemdaten fehlt bzw. utopisch
bleibt.
Die Komplexität eines politisch-ökonomisch-sozialen Systems
mag vergleichbar sein."

ALBERT LENK, Pragmatische Vernunft, Stuttgart 1979, Seite 128

In diesem Kapitel nun möchte ich mich etwas mit dem Glück befassen, jenem an sich undefinierbaren, nicht konkretisierbaren und schon gar nicht fassbaren Zustand oder Umstand der absolut subjektiv interpretiert wird und somit einer jeglichen weiteren Beschreibung durch Dritte spotten muss und wird.

Tagtäglich hören wir von Glück, von glücklichen Zufällen oder Umständen, die uns oder andere betreffen. Der Sechser im Lotto, die angebliche Liebe auf den ersten Blick, die unerwartete Gehaltserhöhung oder das knappe *vorbeischrammen* am ansonsten sicheren Tod bei einem Unfall.

Ich könnte jetzt diverse Beispiele anführen, was alles unter Glück verstanden wird und würde damit nur die Oberfläche tangieren ohne wirklich etwas substantielles auszusagen. Darum erspare ich mir und ihnen dies. Was allerdings unter *dem Glück* zu verstehen ist, darüber kann es natürlich keine eindeutige Definition geben; dafür ist dieses Erlebnis zu individuell. Allerdings wird oftmals Glück mit Zufriedenheit und Wohlbefinden verwechselt oder gleichgesetzt, andererseits wird es schlicht und einfach von äußeren Rahmenbe-dingungen abhängig gemacht. Besitz, Reichtum und wie auch immer geartete materielle Fülle werden dann als Glück aufgefaßt.

Doch dies kann sich sehr schnell als trügerisch und

verhängnisvoll herausstellen, wie man heute weiß. Zwar kann in der ersten Zeit der vermeintliche Glückspegel proportional zum Gut und Haben ansteigen, doch mit einer entsprechenden Abnahme des materiellen Volumens fällt dann auch recht schnell der Level des glücklich-sein.

Aber auch die zunehmende Dauer kann zu einer Ernüchterung führen. Denn steter Tropfen höhlt den Stein, und was anfänglich lichterloh brannte ist nun zu einem armseligen Strohfeuer verkümmert.

Soweit so gut und eigentlich keine neue Erkenntnis mit bahnbrechenden Perspektiven. Dies wußten bereits die alten griechischen Philosophen, ganz bestimmte römische Cäsaren, die ihrer Zeit weit voraus waren und der bereits erwähnte Buddha, der letztendlich in seiner Meditationslehre ein probates Mittel sah, glücklich zu sein.

Und hier sind wir auch schon an einem Umstand gelangt, der durchaus Anlaß zu einer gewissen Sorge geben kann. Denn Glück oder das glücklich-sein ist zunächst nichts weiter als eine Emotion, ein Gefühl; und was es mit Emotionen auf sich hat konnten wir zur Genüge bei der Lektüre der neurowissen-schaftlichen Stellungnahmen allgemein und speziell zur Kenntnis nehmen. Denn jetzt wird es an dieser Stelle etwas schwierig mit dem definieren. Praktisch haben wir nun die Qual der Wahl, können zwischen Pest und Cholera, Dengue-Fieber und Malaria wählen oder wir versuchen den Teufel mit dem Beelzebub auszutreiben. Denn psychische Prozesse, die Emotionen generieren, allein auf biochemische Ursachen zu reduzieren ist und bleibt ein schwieriges Unterfangen.

Daher die Frage: Was führt denn nun zu Glück? Allein die Umstände und gewisse Bedingungen, der mentale Prozess isoliert für sich oder in Kombination mit den zuvor genannten Begleiterscheinungen? Oder um es ganz trivial und plump auszudrücken: Wer war zuerst da? Das gelegte Ei oder die besagte Henne. Aber heute haben wir Fachleute die diese Frage mühelos beantworten können. Natürlich war das Ei zuerst da, evolutionär bedingt. Natürlich. Aus dem Ur-Huhn. Selbstverständlich: Und die Dinosaurier, beispielsweise, wurden durch einen gewaltigen Meteoriten-Einschlag aus dem Leben gerissen. Aber bevor ich diesen weiteren wissenschaftlichen Unsinn zu entkräften versuche, präsentiere ich ihnen an dieser Stelle erst einmal die Erkenntnisse der Glücksforschung, wieder ein kläglicher Versuch der Psychologie, einiges erklären zu wollen, ohne recht irgendetwas zu sagen. Wie immer!!

Was macht Menschen wirklich glücklich? Dies herauszufinden ist Ziel der Glücksforschung. Diese wissenschaftliche Disziplin geht meist in Form von Studien, Umfragen und Tests der Frage nach, ob, wann und warum sich Menschen glücklich fühlen. Die Wissenschaft vom Glück hat einen humanistischen Anspruch und möchte zur Maximierung des menschlichen Glücks beitragen. Hier die wichtigsten Ergebnisse einer Langzeitstudie der Harvard Universität, Auswertungen des Deutschen Instituts für Wirtschaftsforschung und Prof. Jan Delhey von der Universität Magdeburg.

Langzeitstudie der Harvard University: Wie ein glückliches Leben gelingt

Zum Thema „Wie ein glückliches Leben gelingt" führt die US-amerikanische Harvard University in Cambridge seit dem Jahr 1937 eine der aufwendigsten Langzeitstudien der Geschichte durch. Nach Meinung von Psychiatrieprofessor George Vaillant, dem langjährigen Leiter ,der Studie liegt ein glückliches Leben bis ins hohe Alter zum Großteil in unseren Händen. Und das trotz der unkontrollierbaren Faktoren, die wir nicht beeinflussen können wie das familiäre Umfeld, in das wir hineingeboren wurden oder die Genen der Vorfahren. Die Grant-Studie beleuchtet das Leben

*von 268 männlichen Harvard-Absolventen der
Jahrgänge 1939 bis 1945. Sie werden in
regelmäßigen Abständen systematisch medizinisch
untersucht und intensiv zu Ihrem Leben befragt:
Über ihre Kindheit und Jugend, ihre Karrieren und
Beziehungen, ihren Erfolg und ihr Scheitern.*

*Erste Ergebnisse der noch laufenden Studie liegen
bereits vor. Wie gelingt also ein glückliches Leben?
Vor 50 in einer stabilen Beziehung leben, geistig
aktiv sein, Sport treiben, nicht zu viel essen und
Alkohol trinken sowie nicht rauchen – und auch im
Alter aktiv bleiben, so Vaillant. Hier zeigt sich, dass
die Gesundheit eine grundlegende Voraussetzung für
Glück ist.*

Zwischenmenschliche Beziehungen sind das wichtigste im Leben

*„Das mit Abstand wichtigste ist die Bindung", sagt
Vaillant in einem Beitrag in der Neuen Zürcher
Zeitung „Dabei geht es nicht unbedingt um die
Bindung zum Lebenspartner, sondern eher um die
grundsätzliche Beziehung zu anderen Menschen" –
und zwar im Sinne einer menschenliebenden und
einfühlsamen Verbindung.*

*Ein wichtiger Faktor für ein gelungenes Leben ist
auch die Art und Weise, wie die Menschen mit
Schicksalsschlägen umgehen. „Jeder erlebt*

schwierige Situationen", sagt Vaillant. Wie man dann damit umgehe, sei wesentlich für die Zukunft. Besonders erfolgreich sind die sogenannten "Adaptierer", die sich altruistisch verhalten und versuchen, aus schwierigen Situationen für die Zukunft zu lernen.

"Sie kanalisieren ihre starken Gefühle oder aufkommenden Aggressionen so, dass sie innerlich keinen Schaden anrichten, beispielsweise mit Sport", sagt Vaillant. Dagegen ist es unglücklich, Probleme nach innen oder außen zu projizieren, ohne sie zu verarbeiten. Denn dies führe zu psychischen Krankheiten und aggressivem Verhalten.

Glücksfaktoren: gute Partnerschaft, soziales Engagement, Freundschaften

Dass die Zufriedenheit des Menschen weit weniger von den Genen bestimmt wird, als bisher angenommen, geht auch aus einer Datenanalyse der Langzeitstudie Sozio-oekonomischen Panels (SOEP) unter Mitwirkung des Deutschen Instituts für Wirtschaftsforschung (DIW) hervor. So kann jeder Mensch sein Glück durch private und berufliche Entscheidungen selbst beeinflussen.

Das Wohlbefinden hängt vor allem von den Lebensumständen in fünf zentralen Bereiche ab:

Partnerschaft, Lebensziele, soziale Kontakte, Lebensstil, Religiosität und das Verhältnis von Arbeit und Freizeit. Zu den Erfolgsfaktoren eines glücklichen Lebens zählen demnach eine gute Partnerschaft, soziales Engagement und Freundschaften.

Außerdem leben uneigennützige Menschen, die sich sozial oder politisch engagieren, glücklicher als Personen, die die eigene Karriere verfolgen und nach materiellen Zielen streben. Menschen sind am zufriedensten, wenn sie von Freunden umgeben sind.

Zu viel Egoismus und rein ökonomisches Wachstum können einer Gesellschaft nicht guttun. Nicht einfach haben es jedoch depressive Menschen. Ihnen fällt es schwerer, soziale Kontakte zu pflegen und regelmäßig Sport zu treiben.

Die Glücks-Formel: Haben, Lieben, Sein

Der Soziologe Prof. Jan Delhey von der Universität Magdeburg hat zahlreiche Umfragen zur Lebenszufriedenheit designt und ausgewertet. Als Quintessenz seiner Ergebnisse hat er eine Glücks-Formel entwickelt: Glück = 1/3 Haben + 1/3 Lieben + 1/3 Sein. Wer in diesen drei Kategorien gut aufgestellt ist, hat gute Chancen, ein glückliches Leben zu führen, sagt Delhey.

Demnach sind Menschen dann glücklich, wenn sie

ausreichend Geld zur Existenzsicherung, liebevolle Beziehungen, gesellschaftlichen Zusammenhalt und nicht zuletzt einen Sinn im Leben haben.Deutschland geht es objektiv gesehen gut, legt man Maßstäbe wie Einkommen, Status und gesellschaftlichem Wohlstand an. In den auf Produktion, Konsum und Wachstum ausgerichteten Wohlstands-Gesellschaften wie unserer, sind die Bedürfnisse des Habens im Vergleich zu Entwicklungsländern bereits weitgehend abgedeckt.

Doch gute Lebensbedingungen wirken sich nur zum Teil auf das subjektive Wohlbefinden der Menschen aus, sagt Delhey. Hierzulande gibt es Defizite in anderen Bereichen. In Deutschland besteht vor allem Nachholbedarf in den Bereichen Lieben und Sein.

Schwächen in einem Bereich kann man nicht unbedingt durch Stärken in einem anderen Bereich ausgleichen. Der einsame Millionär ist nicht sehr glücklich mit seinem Leben, auch wenn er sich alle materiellen Wünsche erfüllen kann. Geld allein macht nicht glücklich.

World Happiness Report 2020: Wo leben weltweit die glücklichsten Menschen?

Wo leben weltweit die glücklichsten Menschen? Dieser Frage stellt sich der 2020 bereits zum achten

Mal von der UN herausgegebene World Happiness Report und gibt einen Überblick zum aktuellen Stand des globalen Glücksempfindens. Der aktuellste Report wurde im März 2020 veröffentlicht und schließt die Auswirkungen der Corona-Krise noch nicht mit ein.

Der im Auftrag der Vereinten Nationen erstellte Bericht untersucht insgesamt 153 Länder und erfasst den Zustand des weltweit empfundenen Glücks und der Lebenszufriedenheit. Er verbindet statistische Daten einzelner Nationen mit Befragungen über die Selbstwahrnehmung der Menschen.

Berücksichtigt werden dabei unter anderem das Bruttoinlandsprodukt pro Kopf, die durchschnittliche Lebenserwartung, die Sozial-Systeme, Gesundheit, Korruption und das Vertrauen in die Regierungspolitik. Wichtige Faktoren sind auch das subjektiv empfundene Glück und die gefühlte Freiheit, sein Leben selbst gestalten zu können. Aber auch negative Faktoren wie Sorgen, Trauer und Wut fließen mit in die Auswertung ein.

Auf der Siegertreppe der weltweit glücklichsten Nationen ganz oben steht Finnland, gefolgt von Dänemark, der Schweiz, Island, Norwegen, Holland, Schweden, Neuseeland, Österreich und Luxemburg. Ein Blick auf die Top Ten macht deutlich, dass das

Glück vor allem in Europa zu Hause ist – die einzige Ausnahme bildet Neuseeland.

Und innerhalb Europas liegt der Schwerpunkt eindeutig im Norden, in den skandinavischen Ländern. Deutschland taucht im weltweiten Glücksranking dagegen erst auf Platz 17 auf, hinter Israel, Costa Rica und Irland und vor den USA, Tschechien und Belgien. Das Schlusslicht der Tabelle bilden Ruanda, Simbabwe, der Südsudan und Afghanistan.

Gründe für das Glück in Nordeuropa

Warum sind die Menschen in Nordeuropa so glücklich? Bereits seit dem Start des jährlich publizierten World Happiness Report im Jahr 2012 liegen Finnland, Dänemark, Norwegen, Schweden und Island in den Top Ten. Seit 2017 belegen drei skandinavische Nationen sogar die Spitzenplätze.

Die Gründe dafür liegen vor allem in der funktionierenden Demokratie, politischer Stabilität, einem fortschrittlichen Sozialsystem, Mangel an Korruption und einem hohen Vertrauen untereinander und in die politischen Institutionen. Auch weisen die skandinavischen Nationen hohe Einkommen, eine lange Lebenserwartung und ein gut ausgebautes soziales Netz auf. Hinzu kommen positive Werte bei der gefühlten Sicherheit, dem

65

sozialen Miteinander, der Gleichstellung der Geschlechter und der gerechten Einkommensverteilung. Die Nordeuropäer geben auch an, dass sie ihre Lebensentscheidungen sehr frei treffen können und gleichzeitig stets abgesichert sind.

Die glücklichsten Regionen Deutschlands: Der 10. Deutsche Post Glücksatlas

In welchen Regionen Deutschlands die glücklichsten Menschen leben, geht der Deutsche Post Glücksatlas regelmäßig auf den Grund. Im Herbst 2020 ist der neueste Bericht erschienen, im zehnten Jahr in Folge.

Untersucht wurde die Zufriedenheit der Deutschen in unterschiedlichen Lebensbereichen: Mit der Gesundheit, Arbeit, Wohnung, Freizeit sowie alles in allem, mit dem Leben insgesamt.

Unangefochtener Spitzenreiter im „Glücksranking" der 14 deutschen Regionen bleibt wie in den vergangenen Jahren der hohe Norden. Demnach teilen sich Schleswig-Holstein und Hamburg den ersten Platz.

Platz drei geht an Baden-Württemberg, gefolgt von NRW, Bayern und Sachsen-Anhalt. Auf den untersten Rängen des deutschen Glücksatlas finden sich Mecklenburg-Vorpommern, Hessen, Rheinland-

Pfalz/Saarland und Thüringen wider.

Doch woran liegt es, dass die Menschen im Norden Deutschlands so glücklich sind? Schleswig-Holstein steht bereits seit 2013 an der Spitze des Regionen-Vergleichs. Zweifelsohne ist die touristische Attraktivität Schleswig-Holsteins durch die Lage an Nord- und Ostsee sehr hoch und verspricht einen hohen Freizeitwert.

Obwohl das verfügbare Einkommen in Schleswig-Holstein nur leicht über dem deutschen Durchschnitt liegt, ist die Zufriedenheit mit dem Einkommen dennoch überdurchschnittlich hoch. Die Mietausgaben am Einkommen entsprechen etwa dem deutschen Durchschnitt.

Für die hohen Zufriedenheitswerte könnte auch die Nähe zu Dänemark ausschlaggebend sein, dem nach dem World Happiness Report 2020 zweit glücklichsten Land der Welt. Eine Studie der Universität Warwick zeigt: Je enger die Verwandtschaft zur dänischen Gesellschaft, desto höher ist das subjektive Wohlbefinden.

Darum liegt Bayern Süd trotz Wirtschafts- und Touristenboom nur auf Platz 5

Bayern ist das wirtschaftlich stärkste Bundesland

und noch dazu ein ausgesprochener Touristenmagnet. Wie kommt es also, dass die Laptop- und Lederhosen-Region im Glücksatlas 2020 nur den 5. Platz belegt?

Mit den meisten Teilbereichen des Lebens sind die Bayern überdurchschnittlich zufrieden: Wirtschaftliche Stärke, hohes Durchschnitts-Einkommen, geringe Arbeitslosigkeit sowie ein hoher Freizeitwert durch Berge und Seen.

Allerdings schlagen die hohen Mietkosten aufs Gemüt, denn die Süddeutschen müssen einen deutlich höheren Anteil ihres Monatseinkommens für Miete ausgeben als die Menschen im Rest der Republik. Auch sonst sind die Lebenshaltungskosten in Bayern überdurchschnittlich hoch.

Leichter Rückgang des deutschen Glücksniveaus durch die Corona-Krise

Trotz erheblicher Einschnitte in das gesellschaftliche, wirtschaftliche und private Leben durch die Corona-Krise ist das Glücksniveau in Deutschland 2020 nur leicht gesunken.

Laut dem 10. Deutsche Post Glücksatlas erzielt die Lebenszufriedenheit der Bevölkerung im Krisenjahr 2020 auf einer Skala von 0 (nicht glücklich) bis 10 (sehr glücklich) einen Wert von 6,74 Punkten. Damit liegt das deutsche Glücksniveau lediglich 6 Prozent unter dem Allzeithoch des Vorjahres mit einem Rekordwert von 7,14 Punkten.

80 Prozent der Befragten waren froh, während der Corona Krise in einem Land wie Deutschland zu leben. In die Zukunft blicken die Deutschen wieder optimistisch. Ein Großteil der Befragten glaubt, in 2021 wieder genauso zufrieden zu sein wird wie vor der Pandemie.

Fazit: Ergebnisse der Glücksforschung

Die Glücksforschung steht zweifelsohne vor der großen Herausforderung, nach objektiven Kriterien allgemeingültige Voraussetzungen für einen subjektiv empfundenen Gefühls-Zustand zu finden. Das ist per se schwieriger als in einem naturwissenschaftlichen Experiment einen empirischen Beweis zu führen, der bei gleicher Versuchs-Anordnung immer wieder zu den gleichen Ergebnissen führt.

Eine ultimative Glücksformel nach dem Motto „One size fits all" scheint es nicht zu geben. Dafür ist die menschliche Psyche einfach viel zu komplex. Messbare Rahmenbedingungen wie das Bruttoinlandsprodukt pro Kopf, die durchschnittliche Lebenserwartung oder funktionierende Sozial-Systeme sind lediglich notwendige, aber bei weitem keine hinreichenden

Bedingungen für das Glück des Einzelnen.

Denn jeder Mensch ist einzigartig und weist eine äußerst individuelle Mischung aus genetischer Veranlagung, äußeren Rahmenbedingungen und persönlicher Erfahrung auf.

Dennoch gibt es nach Auswertung der wissenschaftlichen Studien zentrale Grund-Voraussetzungen für das Glück. Zu den wichtigsten Glücksfaktoren zählen Gesundheit, liebevolle zwischenmenschliche Beziehungen, gesellschaftlicher Zusammenhalt, soziales Engagement und nicht zuletzt einen Sinn im Leben zu haben. Hinzu kommt die gefühlte Freiheit, sein Leben selbst gestalten zu können.

Natürlich brauchen die Menschen auch ausreichend finanzielle Mittel zur Existenzsicherung, doch Geld allein macht nicht glücklich. Denn übertriebener Egoismus und ein ausschließliches Streben nach materiellen Zielen wirken sich negativ auf unser Glücksempfinden aus.

Letztendlich liegt der Schlüssel zum Glück größtenteils allein in unserer Hand. Und das trotz der unkontrollierbaren Faktoren, die wir nicht beeinflussen können. Wie das Land oder das familiäre Umfeld, in das wir hineingeboren wurden oder den Genen, die uns die Vorfahren in die Wiege gelegt haben.

Es kommt darauf an, was wir aus unserer individuellen Situation machen und welche Entscheidungen wir treffen. Wie wir mit Schicksalsschlägen umgehen und wie wir Chancen erkennen und ergreifen. Glück ist letztendlich, das meiste aus dem zu machen, was man ist. Denn nur in uns selbst liegen die Sterne des Glücks.

**https://www.sinndeslebens24.de/ergebnisse-der-gluecksforschung-was-macht-uns-gluecklich
Aufruf 01/2023**

Da haben Sie nun den psychologischen Salat. Allerlei wohlklingende Zutaten geographischer, soziologischer oder kultureller Art sollen das servierte Gericht schmackhafter machen.
Doch wie so oft verderben viele Köche den Brei. Denn die in dieser Studie getroffenen Aussagen bedürfen der raschen Kommentierung, denn ohne dies würden sie arg schwer im Magen liegen, jedenfalls dem Leser der die Ungereimtheiten schon erkannt hat. Den naiveren Zeitgenossen mag diese infantile Studie reichen.
Ein glückliches und erfülltes Leben liegt somit in unseren eigenen Händen, frei nach dem dümmlichen Motto, jeder ist seines Glückes Schmied.
Potztausend, was für ein Statement. Richtig markant, ja schon abenteuerlich. Es ist demnach ein zu vernachlässigender Umstand, was für ein familiäres Umfeld auf uns einwirkt. Na dann spielt es allenfalls

eine winzige Rolle, dass der Vater eine alkoholische Liebe entwickelt hat und die Mama eine recht ausgeprägte Affinität zu anderen Sexpartnern besitzt, um es, zugegeben, drastisch darzustellen.

Obwohl mir bekannt ist, dass solche Konstellationen durchaus vorkommen sollen.

Die für mich logische Konklusion aus dieser forschen Aussage wäre dann das ich mich als Kind somit auch nicht zu wundern habe, hin und wieder, bei entsprechender Gelegenheit, eine ordentliche pädagogische Tracht Prügel zu beziehen, damit die Eltern ihrem Erziehungsauftrag nachkommen können.

Gleichgültig ist es nun auch, ob ich mit vier weiteren Geschwistern in einer Zweizimmer Wohnung aufwachse, womöglich noch ohne Balkon oder etwas Grünfläche hinter dem Haus. Der Gang zum nächsten Spielplatz, verbunden mit einer halben Stunde Fußweg mitten durch die Stadt, eine Lappalie.

Doch das sozio-pädagogische Geschwafel hört mitnichten auf. Denn nun soll man noch womöglich mit achtzig zurückgelegten Lebensjahren drei Mal die Woche einen Halbmarathon absolvieren.

Sie könnten das natürlich. Absolut. Da bei Ihnen bekanntlich der Zufall und das Glück allenfalls den Stellenwert einer Fußnote besitzen. Aber sicher doch.

Sollte es dann in ihrem Umfeld einen Todesfall geben, brauchen sie nur tüchtig Sport treiben und der Kummer verfliegt wie eine Nebelschwade.

Später in der sogenannten Studie wird dann wohl mehr zähneknirschend Glück mit Wohlbefinden gleichgesetzt, das von einigen Faktoren wie Lebensstil, soziale Kontakte oder gar der Glaube an was auch immer, abhängig ist. Nun wiederum widerspricht sich das angebliche wissenschaftliche Geschreibsel auch noch. Hört, Hört. Plötzlich wie aus dem Nichts spielen dann doch die stets herhalten-müssenden Gene oder die Rahmen-bedingungen eine gewichtige Funktion.

Ja, bei aller Liebe, was denn nun? Ja oder Nein. Sein oder nicht sein? Abstruser geht es kaum noch. Obwohl in den Wissenschaften alles möglich ist, wie noch zu lesen sein wird. Was aber nun letztlich dem Glücksfaß den Boden ausschlägt ist die Behauptung, die glücklichsten Menschen leben in Finnland, Dänemark, Schweden oder auch in Irland. Allerdings ist dies kein Grund zum Staunen oder gar als das Ergebnis einer hervorragenden sozialpolitischen Entscheidung zu sehen.

Schaut man sich nämlich die geographischen und/oder demographischen Verhältnisse dieser schönen Länder an, dann kann jedermann sofort schlussfolgern, warum gerade dort das Glück so vortrefflich vertreten sein soll. Es ist ein gewaltiger

Unterschied, ob ich mit dem Auto (aus Umwelt-
schutz-Gründen von mir aus auch mit dem Fahrrad)
durch das finnische Lappland respektive dem
wunderschönen schwedischen Hinterland fahre, oder
im ewigen Dauerstau auf der A3 oder A7 in
deutschen Landen stehe.

Das Fazit der durchaus gut gemeinten
Glücksforschung macht sich aber dann doch einen
schlanken Fuß: *Das Glück liegt in unseren Händen,
ist praktisch unabhängig von Zufällen jeglicher Art
und Weise, die wiederum nur eine marginale Rolle
spielen.*
Als dann, teilen Sie, lieber Leser, diese Erkenntnisse,
so Sie denn Lotto spielen, Ihrem Tippschein
demnächst mit. Vielleicht klappt es dann mit dem
Sechser plus Superzahl. *VIEL GLÜCK.*

Nunmehr wie versprochen eine Einlassung auf die
alte Frage, ob zuerst das Ei oder die Henne da war.
Aber vielleicht war es auch ein immer wieder
angeführtes ominöses *Ur-Huhn*, dass aus dem end-
und zeitlosen evolutionären Urmeer emporgestiegen

ist um dann zu einem normalen Huhn zu mutieren.
Oder mutierte es zunächst doch erst zum Ei ?
Ich kann Ihnen diese Frage immer noch nicht
beantworten, schon gar nicht nach der Lektüre der
nachfolgenden Textpassagen, die nahezu alle aus
meinem Buch *Paläo-Seti und Wissenschaft-
analytische Bemerkungen zur Astronautengötter-
Theorie* stammen, jener Theorie die behauptet, dass
das Leben, die Zivilisation und schlußendlich die
gesamte menschliche Kultur aufgrund extraterres-
trischer Einflüsse entstanden sei.
Doch lesen Sie bitte selber, was für seltsame Blüten
im wissenschaftlichen Gewässer treiben und das
Wissenschaft nicht immer das ist, was einige
Wissenschaftler darunter verstehen.

*Als der englische Naturforscher und führende Vertreter der Abstammungslehre, **Charles Darwin** (1809 – 1882) seine Auslese und Selektionstheorie der Arten vorstellte und in seinen beiden Hauptwerken „Über die Entstehung der Arten durch natürliche Zuchtwahl", 1859 und „Die Abstammung des Menschen und die geschlechtliche Zuchtwahl",1871,seine Erkenntnisse und Beobachtungen niederschrieb, wurde er zunächst bejubelt und gefeiert. War es doch gelungen, den Werdegang des Menschen und der Arten, wenn auch mit kleinen Unebenheiten, zu erklären. Mitnichten war das aber allerdings der Fall. Denn Darwin hat entgegen anderslautender Bekundungen nie gesagt, dass wir heutigen Menschen direkt vom Affen abstammten. Das taten dann allerdings um so mehr seine akademischen Kollegen. Nach dem Wahlmotto äffische Anatomie hin, menschliche Gene her, wird bis zum heutigen Tag doziert und deklariert, dass wir Heutigen vom Menschenaffen abstammen. Punkt. Kurzum: Aus dem einen Affen entwickelte sich der nächst höhere; bis dann letztendlich der Jetzt-Mensch auf der Bühne des Lebens erschien. So schön nahtlos und ebenmäßig könnte es sich ereignet haben; hat es sich aber leider nicht.*

Ob Neandertaler, Cro-Magnon-Mensch, Java-Mensch, Australopithecus, Peking- Mensch oder Homo habilis: nichts, aber auch rein gar nichts passt zusammen. Und schon gar nicht konnte auch nur eine einzige Ursprungslinie bis dato ermittelt werden. Das sogenannte Missing-Link, dass fehlende Glied, sozusagen das I-Tüpfelchen zur Menschwerdung wurde bisher noch nicht gefunden. Und ich kündige berechtigte Zweifel an, ob man dieses Bindeglied zwischen Affen und Menschen jemals finden wird, da es vermutlich nie existiert hat. Aber auch zu dieser brisanten Thematik rollt der wissenschaftliche Tross der Paläo-Anthropologie unbeirrt durch die Entstehungsgeschichte des Menschen, rumpelt schon mal über kleine Unebenheiten, doch insgesamt stört das wenig. Mit einer unverständlichen und schon an Dummheit grenzenden Arroganz wird hochmütig lächelnd eine Erkenntnis präsentiert, die jeder Neandertaler rasch widerlegen könnte. Das ganze Dilemma beginnt schon damit, dass ein exaktes Alter des Menschen nicht angegeben werden kann. Existieren wir in unserer heutigen Anatomie seit nunmehr zwei Millionen, oder doch wohl eher erst seit rd. 100.000 Jahren? Trennten sich einst der geschickte Homo habilis und der aufrecht daherkommende Homo erectus einst im fernen Afrika, um die Menschwerdung weltweit zu organisieren?

Niemand weiß es. Anderslautende Darstellungen sind schlichtweg falsch. Bei genauerer Beschäftigung mit den bisher gemachten sogenannten wissenschaftlichen Thesen zur Menschwerdung sträuben sich bei einem halbwegs logisch denkenden Menschen dann doch ganz schnell die Haare. Ein unsystematisches und wirres Darstellen von Theorien, Hypothesen und Vermutungen offenbart sich dem verdutzten und staunenden Leser Wiederum ein Beispiel: Einmal ist der Homo sapiens, also der Jetzt-Mensch praktisch aus dem Nichts aufgetaucht. Bei anderen Gelehrten, die ihre Anhänger für weniger dumm verkaufen wollen, hatten wir dann doch schon entsprechende Vorläufer.

Der aus dem bei Düsseldorf stammenden Neandertal kommende Kollege gilt heute nach allgemeiner Auffassung nicht mehr als einer unserer Urahnen. Wir sind zwar verwandt mit ihm, stammen aber doch aus unterschiedlichen Arten, jedoch vom selben Homo erectus. Und je nach akademischer Schule und Sichtweise kann wiederum angenommen werden, dass bestimmte andere Knochenfunde wiederum als sog. Später Homo erectus oder als archaischer Homo sapiens beurteilt werden können. Das entstammt nun nicht meiner blühenden Fantasie sondern ist tatsächlich heutige wissenschaftliche Lehre! Bei allem Respekt und auch Demut vor der altehrwürdigen Paläontologie: ideelle Auswüchse und Borderline-Symptome vermag ich schon zu erkennen. Aber kein Wunder, dass bei der Vielzahl an Knochen, die gefunden werden, man vor lauter Bäumen den Wald nicht mehr sieht oder sehen will. Kommen dann auch noch Fakten auf den Tisch der Evolution, die vermuten lassen, dass wir Heutigen gar schon seit mehr als 50 Millionen Jahren über diese Erde schreiten, entbehrt das natürlich jeglicher Logik, ist abstrus, albern; passt eben nicht ins Bild der wissenschaftlichen Ansicht. Es ist aber auch eine Crux mit diesen ganzen Fakten und Daten, Spuren, Hinweise und Methoden, mit denen das alles zustande gebracht wird. Doch zwischen den Lehrstühlen der paläo-anthropologischen Wissenschaften beginnt es schon seit langem gehörig zu ziehen. Der unvoreingenommene Wind der Erkenntnis pfeift durch sämtliche Gelehrten-stuben und der sprichwörtliche Mief unter den Talaren wird gehörig gelüftet. Doch wie bereits erwähnt, ist dies ein Preis, den auch die Wissenschaft zu entrichten hat, wenn sich nur verkrusteten Strukturen und Gewohnheiten hingegeben wird.

Die Paläontologie, die sich vorrangig mit der Menschwerdung im Speziellen und dem Werdegang des Lebens im Allgemeinen befasst, ist eigentlich eine recht junge Wissenschaft. Vom griechischen

Wort „palaios" – „alt" und „onto" – „das Seiende"
ist sie die Wissenschaft und Lehre von der Evolution
pflanzlicher und tierischer Organismen früherer
geologischer Perioden. Die anfängliche Versteiner-
ungskunde und Ausgrabungskunde (nicht zu
verwechseln mit der Archäologie) avancierte recht
schnell zu einer angesehenen Wissenschaft und wird
seit etwa 1835 nach wissenschaftlichen Kriterien und
Strukturen ausgeübt. Ihr regulärer Begründer war
der französische Naturforscher Georges Cuvier
(1769 – 1832). Als interdisziplinäre Wissenschaft
versteht sie sich als eine Art Drehachse zwischen
Biologie, Anthropologie und Geologie. Teilgebiete
der Paläontologie sind z. B. Die Paläozoologie, die
sich mit Tieren befasst, die Paläoanthropologie, die
die Stammesgeschichte des Menschen erforscht und
die Paläobotanik, die sich eingehend mit fossilen
(versteinerten) Pflanzen beschäftigt.
Geobiologische, astrobiologische und auch
paläogeographische Fächer runden diese sehr
komplexe Wissenschaft ab. Und obwohl vielfältige
moderne Untersuchungsmethoden den Forschenden
und Lehrenden dieser Wissenschaft zur Verfügung
stehen, werden unangenehme Fakten außer Acht
gelassen und nach altbewährter Gelehrtentradition
erst gar nicht zur Kenntnis genommen oder
allenfalls milde belächelt.

Beginnen wir also nun mit einem relativ kurzen Streifzug durch die Entstehungsgeschichte des Menschen. Leider aber, so muss ich schon an dieser Stelle den ersten Einwand erheben, wird es mehr oder weniger nur ein vager Überblick werden. Denn ebenso leider kann ich bei besten Willen nicht mit bestechenden und Klaren Fakten aufwarten. Was sich bei der Durchsicht der Fakten- und Datenlage dem immer mehr verdutzten Rerchercheur (also mir) und Leser offenbart, hat tatsächlich schon apokalyptische Eigenschaften. Ich möchte nun hier nicht allzu dramatisch wirken, aber Tatsache ist wieder einmal, dass nichts, aber auch rein gar nichts zusammenpasst. Nichts, aber auch gar nichts ist geklärt. Und, um ganz nüchtern und sachlich zu bleiben, erlaube ich mir vorab schon einmal zu postulieren, dass wir de facto nichts in der Hand haben, was auch nur annähernd die menschliche Entwicklungsgeschichte in ihrem frühen Verlauf erklären könnte. Leider ist dem so.

Der deutsche Biochemiker **Frederic Vester** *(23.11.1925 –*
2.11.2003) schreibt in seinem Buch „Bausteine der
Zukunft", erschienen 1968 bei Fischer Bücherei
GmbH in Frankfurt/Main:

Wie es Rudolf Kinski, der Direktor des Instituts für
Gesellschaftswissenschaften und politische Bildung ausdrückte, ist leider auch
die Atmo sphäre an vielen unserer Universitäten und Forschungsstätten noch
ein einziger Hohn auf die Verfassungsbestimmung, dass Wissenschaft,
Forschung und Lehre frei seien Denn alle drei sind noch der Allgewalt der
Professoren unterworfen,
die bei ihren Entscheidungen nicht immer wissenschaftliche Maßstäbe
anlegen.
Neue Methoden und Ideen werden vielfach abgewürgt, und eine mediokre
akademische Lehrerschaft wird herangezüchtet, die ihren Schülern nicht
mehr zusagen hat ...
Der ethische Wert einer Wissenschaft liegt vor allem in ihrer undogmatischen
Haltung gegenüber „Wahrheit" und „Irrtum", in dem Bewusstsein, dass
Wahrheit ständig sich ändert, weil jede neue Erkenntnis schon wieder den
Keim der Metamorphose ihrer selbst in sich trägt.
Max Born, der große Physiker, sagte folgende Worte, die neben ihrer Anklage
diese Hoffnung bestätigen: „Die Lockerung des Denkens scheint mir der
größte Segen, den die heutige Wissenschaft uns gebracht hat.
Ist doch der Glaube an eine einzige Wahrheit und deren Besitzer zu sein die
tiefste Wurzel alles Übels in der Welt."...

Dem kann ich natürlich nichts hinzufügen.
Höchstens, dass ich alle Beteiligten aufrufen
möchte, dies von ganzem Herzen zu befolgen und
anzuwenden. Um wie vieles leichter würde es in der
Welt zugehen?! Als dann. Beginnen wir mit einem
lockeren, unvoreingenommenen und bar jeder
wissenschaftstheoretischen Knebelung, Streifzug
durch die frühen und ersten Anfänge des Menschen.
So es denn jemals einen ersten Anfang gegeben

haben sollte! Denn, wie bereits erwähnt, weiß ich
gar nicht so recht, wo ich überhaupt anfangen soll;
ein größeres wissenschaftliches Chaos und eine
schier unübersichtliche und wenig geordnete
Thematik im wissenschaftlichen Gewand findet man
sehr selten. Wie schon gesagt, beginnt das traurige
Dilemma schon damit, dass ich nicht einmal in der
Lage bin, einigermaßen gesicherte Angaben über
das eigentliche Alter des Menschen zu machen. War
unser Prototyp nun der sog. Homo erectus, der
schon aufrecht gehende Frühmensch, welcher vor
ca. zwei Mio. Jahren sein Dasein gefristet haben
soll; oder war es doch der Cro-Magnon-Mensch,
der sich vor rd. 120.000 Jahren vom afrikanischen
Kontinent anschickte, den heutigen Homo sapiens zu
kreieren? Niemand weiß es; und dennoch brüstet
man sich damit, als wäre es gesichertes Wissen.
Doch weit gefehlt. Teilweise ist nach Sichtung der
Fakten für mich als juristischen Laien schon fast der
Rechtsbegriff der arglistigen Täuschung
anzuwenden. Denn das, was sich die Wissenschaft
hier erdreistet zu behaupten, kommt dem meines
Erachtens schon ziemlich nahe.

Im Jahre 1979 wurden in Laetoli, im afrikanischen
Tansania Fußabdrücke in ca. 3,6 Mio. Jahren alter
Ascheablagerungen gefunden. Nach genauer
Sichtung und Analyse der Abdrücke kamen die
damaligen Wissenschaftler, speziell um die englische

*Archäologin **Mary Leakey** (1913 – 1996), zu dem Ergebnis, dass diese Abdrücke aufgrund ihrer anatomischen Gegebenheiten denen heutiger moderner Menschen in nichts nachstanden. Dummer- und rätselhafter Weise aber standen diese Fußabdrücke in krassem Gegensatz zu den ebenfalls 3,6 Mio Jahren alten affenähnlichen Spuren des bis dahin gefundenen Australopithecus, einem Menschenaffen. Jedoch kein Widerspruch für die Wissenschaft. Affe hin, Mensch her: die akademische Stellungnahme ist die für mich gleichsam zynische wie lapidare Behauptung, nämlich „dass man vor einem Rätsel steht". Nachzulesen in der Märzausgabe der Zeitschrift* Natural History *aus dem Jahre 1990. Ich weiß nicht wie der momentane aktuelle Stand in dieser Sache ist. Aber es würde mich keinesfalls wundern, dass man nicht noch die Dreistigkeit besitzt und behauptet, Frau Leakey habe die Abdrücke bewusst oder auch nur unbeabsichtigt von ihren eigenen Füßen in den tansanischen Sand gedrückt. Vielleicht wird ja aber auch gesagt, dass der Australopithecus seine eigenen modernisierten Füße in den Sand gesetzt hat, um evolutionären Thesen besser zu entsprechen.*

„Tatsächlich hat sich die Naturwissenschaft an das Kausalitätsdenken derartig fixiert, dass sie kausale Begründungen (pseudokausale oder finale) auch dort formulierte, wo allein die richtige Fragestellung diesen Unsinn hätte verbieten können. Auf die Frage, warum wohl der Giraffe ein so langer Hals gewachsen sei, antwortete sie den Schülern der Zoologie unbeanstandet durch Jahrzehnte:
„Damit die Giraffe die Blätter auf den Bäumen erreichen kann." Diese Antwort hat mich als Schüler zu der anderen Fragestellung herausgefordert, warum wohl der Floh so hoch springen kann. Die richtige Antwort in dieser Logik, die mir jedoch kein Lob einbrachte, konnte nur lauten: „Damit er schon vom Knie aus ins Dekollete hüpfen kann." Finales Denken steht nicht im Gegensatz zum Kausalismus, sondern ist eins seiner Resultate. Wie sich im Denken des täglichen Gebrauchs Finales und Kausales mischt, zeigt sich in einer Inschrift, die ich 1959 vor dem Käfig der Streifenhyäne im Frankfurter Zoo fand. Dort steht tatsächlich: „Die abschüssige Rückenlinie ist die Folge eines übermäßig stark enwickelten Vorderteiles".

Dieses Zitat wiederum stammt von dem deutschen Redakteur, Lektor und weltberühmten Schriftsteller **C. W. Ceram** *(1915 – 1972)*, mit bürgerlichem Namen **Kurt W. Marek**, der mit seinem 1949 erschienenen Roman der Archäologie „Götter, Gräber und Gelehrte" berühmt wurde. Zu finden ist diese Textpassage in seinem 1962 erschienenen Buch „Provokatorische Notizen".

Um hier noch einmal auf unsere tansanischen Fußabdrücke zurückzukommen: Wer weiß schon, was für evolutionäre Quantensprünge bereits stattgefunden haben? Warum also auch nicht beim alten Australopithecus, der podologisch gesehen dem modernen Menschen gleichkommt, ansonsten mit seiner Anatomie aber noch seinen äffischen Kollegen ähnelt?!

Nein. Spaß beiseite: Ich will nicht hoffen, dass diese oder eine ähnliche These bereits zur Erklärung dient. Die folgenden Zeilen befassen sich nun mit der sogenannten Evolution, ein bis heute wissenschaftlicher Grundsatz, der bar jeder wissenschaftlichen Grundlage ist und als vordergründiges Argument etwas zu erklären versucht, was nicht zu erklären ist. Deswegen und darum beschränke ich mich hier nur auf das Wesentliche, um diese eigentlich obsolete Theorie zu erklären. Wie bereits erwähnt, war es Charles Darwin, der diesen völlig haltlosen Unfug zunächst aufgrund seiner langjährigen Forschungsreisen glaubte erkannt zu haben und damit eine willkommene Grundlage schuf, auf die sich heute noch die Wissenschaften berufen.

Wer wenig denkt, irrt viel

Diesen angeblichen Ausspruch des großen Universalgelehrten **Leonardo da Vinci** *(1452 – 1519) kann man daher zum jetzigen Zeitpunkt getrost auf die Evolutionstheorie beziehen und natürlich auch anwenden in ihrer praktischen Umsetzung. Um was geht es aber nun in der Theorie der Evolution?*

Als der tüchtige Darwin seine Ansichten über die Evolution zu formulieren begann, hatten aber bereits lange Zeit vor ihm andere Gelehrte versucht, die Entwicklung und Artenvielfalt des Lebens zu erklären. Der schon erwähnte Lamarck mit seinen berühmten Giraffenhälsen oder auch der grie- chische Philosoph **Anaximander** *(610 – 550 v. Chr.), der die Entstehung des Menschen aus Fischen erklären wollte, gaben sich große Mühe, dieses Wunder zu erklären. Zu erwähnen wäre in diesem Kontext noch der österreichische Geistliche und Naturforscher* **Gregor Mendel** *(1822 – 1884), der mit seinen genetischen Erbsenexperimenten für großes Aufsehen sorgte und somit als Begründer der Erbforschung betrachtet werden kann. Allerdings wollte Mendel nun nicht unbedingt die Ursprünge des Menschen in einer Handvoll Erbsen sehen. Obwohl manche Erbsenzähler dies heute gerne so hätten. Grob gesagt, wollten alle herausfinden,* *warum wir sind, was wir sind. Und das bezogen auf alles, was kreucht und fleucht. Und noch grober erklärt, wollte Darwin samt seinen Zeitgenossen erkannt haben, dass bestimmte Merkmale einer Spezies, so sie dem Überleben dienlich ist, durch Veränderung, durch Mutation, weiter vererbt werden. Hinzu kommen noch Momente der sogenannten natürlichen Selektion, der Auslese, das Moment des Zufalls und Erkenntnisse der modernen Genetik. Und schwuppdiwupp ist erklärt, was nicht zu erklären ist! Um noch etwas ins Detail zu gehen, muss ich den Leser mit einigen Begriffen der Evolutionstheorie bekannt machen, damit es nicht wieder heißt, man hätte nur oberflächlich gearbeitet. Ganz allgemein zählen hierzu Begriffe wie die synthetische Evolutionstheorie, oder auch die sog. Deszendenztheorie, nach der alles Leben auf einen Prototypen, einer Urform, zurückgeht. So wird denn von Generation zu Generation und nochmals von Generationen zu Generationen weitergegeben, was denn letztendlich eine Spezies für ihr Überleben benötigt oder auch nicht. Durch Mutation und Rekombination, Anpassungsselektion, Zufallsselektion (Gendrift), Migration (Genfluss) und Isolation soll schließlich unsere jetzige Kultur bzw. der Jetzt-Mensch entstanden sein. Hierzu Beispiele: Wale, bevor sie dann zu Meeressäugern wurden, hatten einen an Land lebenden Vorfahren.*

Dieser wiederum sagte sich eines Tages unter Inklusion seiner neuronalen Hirnverknüpfungen, dass es aus diesen und jenen Gründen wohl besser sei, im Wasser zu leben, statt an Land. Gedacht, getan. Nach ein paar Generationen war es dann soweit. Anstelle von Beinen waren plötzlich Flossen vorhanden und alles andere, was solch ein imposantes Tier auszeichnet, und schon stand dem Leben im Meere nichts mehr entgegen. Unser bis dato unbekannter Vorfahre, noch in gebückter Haltung oder wie auch immer dahertrabend, sagte sich eines Tages, ebenfalls nach reiflicher cerebraler Strukturierung, dass es wohl besser sei im aufrechten Gang durch die Flora und Fauna der Urzeit zu wandeln, da man ja so alles besser überblicken könnte.

Gedacht, getan. Statt wie ein an Morbus Bechterew Erkrankter durch die Steppen zu rennen, wurde nunmehr preußischer Stechschritt daraus. So einfach war das!! Der Homo erectus wiederum sagte sich dann eines Tages, dass es ja vielleicht nicht unbedingt von Nachteil sein müsse, zukünftig wie seine gefiederten Freunde, am Himmelszelt durch die Lüfte brausen zu können! Aus sehr zweck– dienlichen und der Spezies überaus hilfreichen Gründen. Doch bis zum heutigen Jahre 2023 scheint sich nach meinem dafürhalten in dieser Richtung nicht allzu viel zu bewegen. Ich jedenfalls habe bei mir persönlich noch keine Ansätze von Flügel-wachstum beobachten können, obschon mehr als genug Generationen seitdem verstrichen sind. Nein, jetzt bitte Spaß beiseite. Und dennoch werden die von mir gemachten Ausführungen so oder so ähnlich als Argumentationshilfe für die Entwicklung des Lebens herangezogen.

Ein Ableger der traditionellen Evolutionstheorie ist die sog. Frankfurter Evolutionstheorie der dortigen Senckenberg-Forschung. Hiernach werden beispielsweise Organismen in ihrer Konstruktionsmorphologie faktisch als hydraulische Konstrukte betrachtet, die bestimmtem Organi-sationsprozessen unterliegen, sich der Umwelt anpassen und nach der Evolution irreversibel, also nicht wieder rückgängig zu machen ist. Schließlich und letztendlich ist dann nach dieser Theorie in der Evolution nur das möglich, was die organisationsinternen Strukturen der Organismen nach ihren Ordnungsgrundsätzen zulassen. Puh, das muss man erst mal sacken lassen und genüsslich auf der Zunge seinen Geschmacksknospen mitteilen. Aber mit etwas gutem Willem, und vor allen Dingen weniger schwülstig, kann man das Ganze auch anders ausdrücken: Ausgestattet mit einer bestimmten Form, einer Morphologie, fungieren Organismen-praktisch als wandelnde Flüssigkeitsbehälter, die gewissen Gesetzmäßig-

keiten und Prinzipien unterliegen und natürlich keine Bäume in den Himmel wachsen lassen. Noch anders ausgedrückt: zwei oder drei Flüssigkeits- ansammlungen in einem Organismus genügen, und schon beginnen wir uns zu entwickeln, die Evolution kann starten. Aha. Gut, ein Floh wird kaum ein Elefant werden wollen (warum eigentlich nicht?), da ihm das ja seine innere Gesetzmäßigkeit verbietet; aber der Australopithecus, der schon mit einigen Litern an Wasser, Blut und Lymphe ausgestattet war, hatte da günstigere Voraussetzungen?! Doch plötzlich kam mir beim Schreiben, dank der evolutionären Gesetzmäßigkeiten, eine Idee: Des Rätsels Lösung liegt im Wasser! Heureka, ich hab`s: Da alle Organismen fast nur aus Wasser bestehen, und Wasser schlechthin als Urstoff des Lebens gilt, braucht es nur eine Hülle und schon fährt der evolutionäre Express unaufhaltsam durch die Urzeiten. Allein dem Wasser obliegt die Entstehung des Lebens. Es trägt alle Informationen in sich und konzipiert dann alles! Und wie beim 1519 stattgefundenen Hornberger Schießen wird erstmal drauflos strukturiert und organisiert was das Zeug hält, um dann festzustellen, dass doch so richtig nichts zusammenpasst?! Errare humanum est.Und dabei möchte ich es auch an dieser Stelle belassen!

Und weiter geht's mit schnellen Schritten durch die unheilvolle Geschichte der evolutionären Mythen. Als der Vater aller Vögel, der Urvogel Archäopteryx 1861 erstmals gefunden wurde, hatte der noch neben Reptilienschuppen schöne normal ausgebildete Federn in seinem Gefieder, obwohl hier auch schon wieder Millionen von Jahren Zeit gewesen wäre, aus dem schuppenbesetzten Urvogel einen schönen weiß gefiederten Schwan zu machen. Doch mitnichten. Denn an irgendwelchen dubiosen inneren Struktur und Organisationskriterien kann es ihm ja nicht gemangelt haben. Kurioserweise verschwand der Vogel dann doch ziemlich abrupt und schnell vom Catwalk der evolutionären Träume. Oder nehmen wir seinen Kollegen aus der Abteilung Fische, den Quasten–flossler oder auch „Hohlstachler" genannt. Lange betrachtet als möglicher Urahn der Landwirbeltiere, galt er sogar für eine Zeitlang als Vorfahre des Menschen. Nach fossilen Funden soll der robuste Fisch vor etwa 400 Mio. Jahren durch die praesintflutlichen Ozeane geschwommen sein, bis er dann vor rd. 65 Mio. Jahren, zusammen mit den Dinosauriern, abrupt von

*der paläontologischen Bildfläche verschwand.
Allerdings wurde er dann im Jahre 1938 recht
munter und wenig verstaubt vor der Küste
Südafrikas gesichtet. Da der Quastenflossler ein
partiell verknöchertes und mit Muskulatur
versehenes Skelett der Brust- und Bauchflossen
aufweist, wurde recht schnell von wissenschaftlicher
Seite großspurig und vorschnell postuliert, dass man
nun das fehlende Glied zu den Landwirbeltieren
gefunden hätte. Denn demnach konnte sich dieser
Superprototyp dank seiner Muskeln auch an Land
fortbewegen. Und nun, man lese und staune, wird
wissenschaftliche Exaktheit ersetzt durch
Mutmaßungen und Eventualitäten. Die heutigen
Quastenflossler, sogenannte rezente Arten, haben
wohl, so wird vermutet, keine großartige genetische
Übereinstimmung mit ihren Urahnen, obwohl sie
doch fast so aussehen. Okay, sieht aus wie ein
Gorilla, hat identische Verhaltensweisen eines
Gorillas, bevorzugt dieselbe Nahrung, hat dasselbe
Sozialgefüge und artikuliert sich wie ein Gorilla; ist
aber kein Gorilla, da er eben ein Pavian ist. Aha ...
Der Quastenflossler verfügt auch über ein
rudimentäres, quasi lungenähnliches Organ, so wie
seine Kumpel aus der Riege der Lungenfische, das
als Indiz gilt für seine Affinität, einmal an Land zu
wollen. So so ...Denn aus seinen knöchernen
Bauchflossen sollten sich dann die Gliedmaßen der*

Landwirbeltiere entwickelt haben. Oh nein, Entschuldigung, diesen evolutionären Übergang, so die Wissenschaft, hat dann wohl doch der Lungenfisch übernommen. Bei so vielen Vermutungen, Indizien und Analogien zu anderen Tieren lasse ich den Quastenflossler dann doch lieber seine Bahnen in den unendlichen Weiten der Ozeane ziehen, würde mich aber auch sehr freuen, wenn ich einst ein Exemplar durch die Stadt gehen sehen würde. Mit Verlaub.

Der Gedanke, dass Menschen bereits vor Jahrmillionen auf der Erde wandelten und nicht erst seit relativ kurzer Zeit, ist fast so alt wie die paläontologische Wissenschaft.

Im Jahre 1845 wurden in Sansan, Südfrankreich, Knochenfragmente des *Pliopithecus gefunden, einer Primatengattung bescheidener Größe, die als Vorläufer der heutigen Gibbon-Affen zählen und im Miozän gelebt haben sollen.* **Edourad Armant Lartet** *(15.4.1801–28.1.1871), ein französischer Jurist und Urzeitforscher vermerkte über seinen Fund folgendes:*

> *„Auf diesem Stück Erde lebten einst Säugetiere, die auf einer viel höhern Stufe standen, als jene, die es heute gibt ..Verschiedene Stufen der Rangleiter tierischen Lebens waren hier vertreten, bis hinauf zum Menschenaffen. Eine höhere Form, die menschliche Art, ist nicht gefunden worden ... von ihrer Abwesenheit in diesen frühen Schichten dürfen wir jedoch nicht voreilig darauf schließen, dass sie nicht existierte ..."*

(M.Boule und H.V. Vallois 1957 Fossil Men London)

*Im Jahre 1912 erschien im The Geological Magazine ein Bericht des Geistlichen, Geophysikers und Geologen **Osmond Fisher** (1817 – 1914). Das Mitglied der Geologischen Gesellschaft von London und des Kings College London, der auch seine mathematischen Kenntnisse in die Wissenschaften einbezog, hatte eine interessante Beobachtung getätigt, die aber wieder sehr schnell im Meer des wissenschaftlichen Vergessens verschwand:*

„Als ich bei Barton Cliff (bei Hampshire, England. Der Verfasser) nach Fossilien aus dem Eozän grub, fand ich einen Gegenstand aus einer gagatähnlichen Substanz, der an die 9 ½ Zoll (24 cm) im Quadrat maß und 2 ½ Zoll (6,5 cm) dick war. Zumindest auf einer Seite waren, wie mir schien, noch die Spuren des Behaus sichtbar, der ihm die so gut wie quadratische Form gegeben hatte. Das Stück befindet sich jetzt im Sedgwick Museum in Cambridge."

*Wenn Mister Fisher hier auch eine augenscheinliche Vermutung äußert, so ist doch die Evidenz des Zufalls mit anderen Funden bemerkenswert und kann nicht mehr als zufällige Häufung abgetan werden. Als an einem Montag, den 18.8.1887, der französische Theologe und Geistliche **Abbe L. Bourgeois** (28.4.181–19.6.1878) seinen hauptamtlich tätigen Kollegen des Pariser Kongresses für Archäologie und prähistorische Anthropologie seine Entdeckung vorlegte, ahnten wahrscheinlich nur wenige Anwesende die Dimension, die diese Entdeckung angenommen hätte, wäre sie denn nur* *richtig gewürdigt worden. Denn das, was der redliche Priester bei Grabungsarbeiten in der südwestlich von Paris an der schönen Loire gelegenen Stadt Orleans gemacht hatte, müsste auch der berühmten Tochter der Stadt, Jeanne d`Arc, gefallen haben. Auch wenn dieser Fund alles andere als jungfräulich war. Der seriöse Theologe, der sich neben seinem Gott schon seit Jahrzehnten eben auch mit handfesteren archäologischen Themen befasste, tischte den staunenden Mitstreitern Feuerstein-geräte auf, die ins frühe Miozän oder auch ins Oligozän datiert wurden. Neben diesen Feuersteingeräten, die später experimentell bestätigt wurden, konnte der tüchtige Bourgeois auch mit anderen Werkzeugen aufwarten, die er in der gleichen Kalksteinformation gefunden hatte, wie eben jene Feuersteingeräte. So fand er neben Bohrwerkzeugen und Klingen auch Schaber, die Spuren menschlicher Bearbeitung aufwiesen. Dass aber Werkzeuge, die ein Alter von rund 25 Mio. Jahren haben sollten, passte selbstverständlich nicht in die menschliche evolutionäre Mär und wären wohl lieber wieder in ihr kühles Kalksteinbett zurück verfrachtet worden. Doch dazu war es zu spät. Lange Zeit standen die Funde des Abbe im Mittelpunkt wissenschaftlicher Streitigkeiten, wobei dann aber die positiven Gutachten überwiegten. Natürlich steht auch nach wie vor die Meinung im*

Raume, ein äffischer Vorfahre hätte dies alles fabriziert. Allerdings möchte ich hier den Einwand erheben, noch keinen Orang-Utang oder Gorilla gesehen zu haben, der sich mittels Feuerstein-geräten ein flauschiges Lagerfeuer bereitet hat. Oder doch? **Prof W. G. Burroughs**, *Chefgeologe am Berea College im U.S. Bundesstaat Kentucky berichtet von einem Fund menschenähnlicher Fußabdrücke, die letztlich einem Alter von 300 Mio. Jahren entsprechen würden. Der in einem Museum verewigte Wissenschaftler schreibt dann auch in seinem rd. 70 Jahre alten Bericht von ...*

" ... Geschöpfen, die zu Beginn des Oberen Kohlezeitalters auf ihren zwei Beinen gingen, mit Füßen, die menschlichenähnlich waren, und auf einem Sandstrand im Rockcastle County, Kentucky, Spuren hinterlassen haben. Es war die Zeit der Amphibien, in der die Tiere sich auf vier Beinen vorwärts bewegten oder – seltener – vorwärtshoppelten und Füße hatten, die keineswegs an menschliche erinnerten. Aber in Rockcastle, Jackson und mehreren anderen Countys in Kentucky, sowie an verschiedenen Stellen zwischen Pennsylvania und Missouri, existierten Geschöpfe mit Füßen, deren Erscheinungsbild auf seltsame Weise an Füße von Menschen gemahnt, und die auf zwei Hinterbeinen gingen. Der Verfasser dieser Zeilen hat die Existens dieser Geschöpfe in Kentucky nachgewiesen. Durch die Mitarbeit von Dr. C. W. Gilmore, dem Kustus der Abteilung für Paläontologie der Wirbeltiere an der Smithsonian Institution, konnte gezeigt werden, dass ähnliche Wesen auch in Pennsylvania und Missouri lebten .Die Fußspuren haben sich in die waagerechte Oberfläche harten und massiven grauen Sandsteins auf der O-Finnell-Farm eingedrückt. Es gibt drei Paare von Abdrücken mit linken und rechten Füßen ... Jeder Fußabdruck weist fünf Zehen und einen deutlichen Spann auf. Die Zehen sind gespreizt, wie bei einem Menschen, der nie Schuhe getragen hat ... Die Sandkörner auf den Abdrücken liegen enger beieinander als die Sandkörner des Felsens unmittelbar außerhalb der Fußspuren, was auf den Druck zurückgeht, den die Füße des Geschöpfs auf den Untergrund ausübten. Am dichtesten liegen die Sandkörner an der Ferse, doch selbst unter dem Spann sind sie noch näher zusammengerückt als außerhalb Abdrucks . Der Druck auf die Ferse war natürlich größer als auf dem Vorderfuß. "

Dass Prof. Burroughs sich mit seiner Theorie der vorzeitlichen Menschen in bester Gesellschaft befindet, kann man auch an den Äußerungen seines akademischen Kollegen Max Verworn sehen.

Der deutsche Physiologe (1863 – 1921), welcher sich wissenschaftlich und hauptberuflich mit den natürlichen Funktionen der menschlichen Zellen befasste, hatte auch eine große Passion für das Gebiet der prähistorischen Archäologie. Ganz unumwunden bemerkte dann auch dieser charismatische Wissenschaftler, dass es bereits Menschen zu einer Zeit gegeben haben musste, zu der uns die Schulwissenschaft allenfalls das Entwicklungsstadium eines Froschlurchen zubilligen würde. Prof. Verworn war nun nicht irgendein wissenschaftlicher Freidenker und aufmüpfiger Rebell, sondern ein durch und durch vehementer Verfechter der darwinschen Evolutionstheorie, der dennoch das Attribut der Unvoreingenommenheit und absoluten Objektivität bewahrte. So schreibt Verworn dann auch in einem 1905 erschienenen Bericht: „

„Die Tatsache, dass die aufgefundenen Skeletteile des Menschen uns unsere pleistozänen Vorfahren im Wesentlichen bereits auf unserer jetzigen morphologischen Entwicklungsstufe zeigen, der auf dem Boden der Evolution steht, höchst wahrscheinlich machen, dass die Anfänge der Entwicklung unseres Geschlechts und seiner spezifisch menschlichen Charaktere weit über das Pleistozän zurükkreichen, mindest bis in die Tertiärzeit hinein . "

Eine solche Äußerung würde heutzutage in den wissenschaftlichen Gestühlen ein merkliches Hin- und Herrücken verursachen, trotz aller Selbstbekundungen der wissenschaftlichen Freiheit und Toleranz. Allerdings beruhigt der weitsichtige Verworn seine irritierten Kollegen sofort mit einer Relativierung seiner Äußerung, die aber zeigt, das neuartige Entdeckungen und starre wissenschaftstheoretische Regeln sich nicht unbedingt gegenseitig aufheben.

Verworn schreibt weiter in seinem Bericht:

„Trotz dieser theoretischen Forderung der Naturforschung ist die moderne Wissenschaft nur sehr zögernd an die Frage nach dem tertiären Menschen herangetreten und hat sich allen Angaben über die Spuren desselben außerordentlich mißtrauisch gegenübergestellt. Durchaus mit Recht, denn in aller wahren Wissenschaft muss jede Erkenntnis erst das Feuer des Zweifels passiert haben, ehe sie Anerkennung finden darf. "

Nun war Verworn aber kein bloßer Theoretiker, sondern auch ein handfester Praktiker, der sein Wissen durch unzählige Ausgrabungen und Untersuchungen erwarb, beispielsweise durch Funde von Feuersteingeräten und Schaber wie schon sein Kollege Bourgeois. Nach ausführlicher Darstellung seiner wissenschaftlichen Methodologie und *Arbeitsauffassung kommt der Wissenschaftler in seinem Bericht dann zu folgendem Schluss:*

*„Finde ich in einer interglazialen Geröllschicht einen Feuerstein, an dem eine
deutliche Schlagbeule zu sehen ist, sonst aber kein weiters Symptom
absichtlicher Bearbeitung, so werde ich zweifelhaft sein, ob ich ein
menschliches Manufakt vor mir habe. Finde ich dagegen einen Feuerstein, der
auf der einen Seite die typischen Schlagerscheinungen zeigt und der auf der
Rückseite noch die Negative von zwei, drei, vier anderen, in der gleichen
Richtung abgesprengten Abschlägen trägt, befinden sich ferner an einer Kante
des Stückes zahlreiche, parallel nebeneinander verlaufende kleine
Schlagmarken, die alle ohne Ausnahme von der gleichen Seite des Randes her
abgeschlagen sind, erscheinen schließlich die übrigen Kanten des Stückes
vollkommen haarscharf ohne eine Spur von Schlagmarken oder Spuren der
Abrollung, dann kann ich mit unerschütterlicher Sicherheit sagen: Es ist ein
Manufakt Derartige völlig einwandfreie Stücke habe ich nun in größerer Zahl
am Puy de Boudieu eigenhändig aus der ungestörten Schicht entnommen .
Damit ist der unerschütterliche Beweis für die Existenz von
feuersteinschlagenden Wesen im Ausgang der Miozänzeit geliefert. "*

Immer wieder werden die sogenannten Paluxy-
River-Spuren erwähnt, die ein schlagendes Indiz für
die Unhaltbarkeit der Evolutionstheorie sein sollen.
Neben Dinosaurierspuren wurden in diesem
Flussbett nahe der Stadt Glen Rose im U.S.
Bundesstaat Texas, auch angeblich menschliche
Fußabdrücke gefunden, die sich synchron zu den
Dinospuren verewigt haben sollen. Es ist hier aber
nicht meine Aufgabe, ein Statement zu diesem
Thema abzugeben. Hier zeigt sich massiv eine
Unübersichtlichkeit, die ich nicht einzuordnen
vermag. Liegen Fälschungen vor oder nicht? Gibt es
doch einzelne menschliche Fußabdrücke, die
authentisch sind? Der Leser möge sich mit diesem
Thema befassen und sich ein eigenes Urteil bilden.
Wie bereits erwähnt, ist es die Intention dieses
Buches, nur ganz bestimmte Themengebiete

darzustellen, die als angeblich widerlegt gelten. Die Selektion dieser Themen erfolgte von mir rein zufällig und sagt nichts über deren Stellenwert aus. Ebenso hätte ich über die weltweiten Höhlen- und Felszeichnungen, Stonehenge und anderes Gestein oder auch über die Piri-Reis-Weltkarte schreiben können. Mir geht es nur darum, anhand exemplarischer Themen nach wie vor deren Existenzberechtigung zu erläutern.

Die Dinosaurier
oder
Schwänzchen hoch , Schwänzchen runter

" *Nichts ist so bequem als etwas zu glauben, das ein anderer meint,*

und dieser hat seine Meinung gewöhnlich auch nur vom Hörensagen"

Diesen Aphorismus des romantischen Dichters und Shakespeare-Übersetzers Ludwig Tieck (1773 - 1853) würde ich ganz salopp und ohne Schamesröte als philosophische und praktische Basis der Wissenschaftsentstehung bezeichnen, sozusagen das wissenschaftstheoretische Axiom eines Wissen schaffenden Systems.
Und ganz salopp und infantil kann sich jedermann (und Frau) fragen, wie denn überhaupt eine Wissenschaft entstehen konnte ? Durch Neugier ? Sicherlich!!
Durch Beobachten ? Natürlich !! Durch Fragen stellen ? Allemal !!
Durch nachprüfen ? Manchmal ja !! Durch kritisches hinterfragen ? Hin und wieder !! Durch selbstständiges Nachdenken ? In den Anfängen ja !! Aus Liebe zur Wahrheit ? Später nicht mehr !!

Diese sieben Fragen genügen und genügten meiner
Ansicht nach um eine Wissenschaft zu begründen.
Wer aber nun in diesen sieben Fragen oder der Zahl
sieben eine Verbindung zu den sieben Weisen des
Altertums sieht oder gar eine Beziehung zu den
ehemaligen sieben Weltwundern herstellen möchte,
oder gar eine Verbindung zu den sieben Gaben des
Heiligen Geistes sehen möchte, mag das tun.
Dennoch wäre es reiner Zufall und von mir am
allerwenigsten beabsichtigt.
Aber Spaß beiseite: Der heutige Wissenschafts-
betrieb erscheint eher nebulös und wenig
transparent. Trotz strafferer Studienreformen und
wohl auch gut gemeinten Änderungen die aber
fatalerweise genau das Gegenteil bewirken. Statt
studieren wird auswendig gelernt für Klausuren und
Scheine. Der Lernstoff ist immens, die Zeit dafür
umso geringer. Unzählige erstqualifizierte verlassen
als Bachelor ihre Alma mater; das Masterstudium
steht dann längst nicht allen offen . Da wundert es
kaum das Wissenschaft immer noch nicht die
Freiheit des Geistes fördern kann oder will ?
Ex cathedra wird größtenteils heute noch doziert,
was die Alten sungen.
Das alte, orthodoxe, hat seinen starren Platz.
Wissenschaftliche Publikationen werden gemacht,
ohne das man von ihnen dann jemals wieder etwas
hört, geschweige denn liest.

Trotz des schon erwähnten Bologna-Prozesses sind durchschlagende Neuerungen in der Welt der Wissenschaft Fehlanzeige.
Der britische Philosoph,Mathematiker und Literatur-Nobelpreisträger **Bertrand Russel***(1872 -1970) schreibt in seinem 1953 erschienenen Buch The Impact of Science on Society (Wissenschaft wandelt das Leben) eine Passage, die ich persönlich als Grundsatz sehen würde, wie manche wissenschaftlichen Erkenntnisse zu* sehen *sind.*

„So steht es z.B mit den Schwangerschaftserlebnissen.
Hat die Mutter, so heißt es, während der Schwangerschaft irgendeinen merkwürdigen Eindruck, dann wirkt sich dies auf das Kind aus.
Es gibt biblische Belege für diese Vorstellung; der Leser wird sich daran erinnern, wie Jakob zu seinen gesprenkelten Herden kam.
Man frage doch nur eine beliebige Frau..und man wird mit Einzelheiten überschüttet werden, die diesen Aberglauben beweisen sollen.
" Aber bitte sehr, Frau Meier zum Beispiel. Frau Meier hat einen Fuchs in der Falle gesehen und- natürlich bekam sie ein Kind mit einer Fuchspfote."
Wenn man dann fragt: " Kennen Sie Frau Meier ? "- dann heißt es: " Nein, aber meine Freundin, Frau Schulze, kennt sie."
Ist man hartnäckig und fragt Frau Schulze, dann sagt die : " Ach nein, ich kenne Frau Meier nicht, aber Frau Müller, die kennt sie."
Man könnte sein Leben lang hinter dieser Frau Meier her sein, aber nie würde man sie zu fassen bekommen. Sie ist ein Mythos".

Langsam aber sicher nähern wir uns nun den bereits oft zitierten Steinen von Ica.

Vorher aber muß ich noch einen kleinen "Schlencker" zu den Dinosauriern machen, die ja bei den peruanischen Steinfunden u.a. eine besondere Rolle spielen.

Dinosaurier- Wer denkt da nicht an Filme wie "Jurassic-Park" oder " Reise zum Mittelpunkt der Erde ", die diese imposanten Geschöpfe in Ihrer schier unendlichen Artenvielfalt darstellen und in thrillermäßiger filmischer Umsetzung teils als blutrünstige und menschenfressende Untiere zeigen ?

Es ist schon eigenartig, das Dinos und Menschen in Filmen zusammen gezeigt werden . Sollte dies schon, wenn auch zugegebenermaßen ein unbe-wußter Hinweis darauf sein, dass diese Begegnungen der besonderen Art auch schon in der Realität stattgefunden haben sollen ?

*Als im Jahre 1841 der englische Wissenschaftler **Sir Richard Owen** (1804-1892) den Begriff " Dinosaurier " prägte und diese Taxonomie in die Wissenschaft einführte, waren erst rd. ein gutes Dutzend dieser " schrecklichen Echsen " bekannt geworden. Heutzutage sind weit über 500 verschiedene Dino-Arten beschrieben, von geschätzten mehreren tausenden, von denen aber längst nicht alle als fossile Versteinerungen überliefert sind.*

Übrigens: Das mit den Versteinerungen pflanzlicher oder tierischer Organismen hat auch so seine Erklärungsnöte. Aber dies nur am Rande.

Und eigentlich könnte ich es an dieser Stelle wieder einmal rein theoretisch mit der Beschreibung dieser Tiere belassen, da natürlich auch wieder einmal nichts konkretes vorliegt. Auch wenn es den Anschein erweckt ob der umfangreichen Literatur zu dieser Thematik. Dem ist so!!

Was ich gleich noch anführe und ausführe ist reine Spekulation, Vermutung und Annahme. Exakte wissenschaftliche Angaben sind nicht vorhanden .

Es wird geraten und vermutet was die wenigen Dinoknochen und sonstige Spuren , die man gefunden hat hergeben.

Ob Tyrannosaurus Rex, Diplodocus hallorum oder sein mächtiger Kollege Sauropodus: So ganz genaues weiß man nicht. Die Palette reicht von tonnenschweren Tieren bis wenige Kilo wiegenden Exemplaren.

Zwar könnte der bekannte T.Rex ca. 12 m. lang gewesen sein; andere Skelettfunde lassen aber auch vermuten, das es noch größere Tiere dieser Gattung gab.

Und deshalb wage ich es schon an dieser Stelle zu behaupten, das sich die spekulativen Theorien hier an diesen Beispielen der etablierten wissenschaftlichen Forschung gegenüber denen der

PSH-Theorie[2] mindestens verdoppelt haben. Aber wie immer ist diese mathematisch-statistische Aussage meinerseits ohne Gewähr zu sehen.

Was mir persönlich aber nun an unglaublicher Dreistigkeit noch nicht untergekommen ist, bezieht sich auf die pure Behauptung, dass Dinosaurier entgegen der früheren Lehrmeinung, ihre mehr oder weniger mächtigen Schwänze nicht über den Boden geschliffen haben sollen, sondern waagerecht gehalten haben müssten.

Ein vorzüglicher Schachzug der von vornherein elegant alle Zweifel vom Tisch fegt die da sagen könnten, daß Dinos und Menschen zumindest auf überlieferten gravierten Steinen, zusammen über diesen wunderbaren Planeten gegangen sein könnten.

Denn das würde auf die Steine von Ica aber auch auf andere Funde zutreffen.

Wohl deshalb geht die Forschung heute dahin und behauptet, das Saurier eben nicht hoch aufgerichtet mit hängendem Schwanz, sondern eben in waagerechter Position und hochgehaltenem Schwanz durch die prähistorischen Landschaften wandelten. Nicht zuletzt auch deswegen, so die Meinung, weil sonst die Blutzirkulation bei diesen Tieren nicht optimal funktioniert haben könnte.

---

[2]   PSH=Abkürzung für Paläo-Seti-Hypothese

Dies ist natürlich völliger Unsinn wie man z.B. an
Giraffen unschwer feststellen kann.
Die physiologische Blutzirkulation wird in
Organismen u.a. durch Blutgefäßklappen geregelt,
die ein zurückfließen des Blutes verhindern; dies
geschieht vorrangig im venösen System, welches das
Blut zum Herzen zurücktransportiert.
Im arteriellen System, das für die ausreichende
Versorgung des Körpers mit Blut zuständig ist,
geschiet dies überwiegend durch den Blutdruck und
durch Muskelschichten in den Arteriengefäßen. und
das zunächst unabhängig von irgendeiner
Körperhaltung.
Doch die orthopädischen Dinoforscher gehen noch
einen Schritt weiter als Ihre Kollegen der Abteilung
Hämodynamik. Nicht nur, dass die Gesetze der
Hebelwirkung bei waagerecht laufenden
Dinosauriern zu größten Problemen am übrigen
Skelettsystem geführt hätten, müssten die armen
Tiere auch noch orthostatische Probleme in Form
von Gleichgewichtsstörungen gehabt haben.
Massive Überbelastung durch eine solche
Körperhaltung hätte zu katastrophalen
Veränderungen der Wirbelsäule und anderen
Knochen geführt. Da wäre ein Hexenschuss noch
das kleinere Übel gewesen!! Und außerdem: warum
sollten vierbeinige Riesenechsen ohne

rudimentäre Vorderläufe mit hoch erhobenem Schwanz herumlaufen. Jede Kuh und jeder Elefant und selbst Giraffen haben hängende Körperenden. Ich habe jedenfalls noch kein Pferd gesehen, das ständig mit waagerechtem Schweif durch die Gegend galoppiert. Man stelle sich einen ausgewachsenen über 12 m. Großen T. Rex einmal in einer solchen Position vor: Der arme Kerl wäre bei der kleinsten Bodenunebenheit zu Fall gekommen.

So denke ich, das unsere Dinosaurier mit diesen kleinen biophysikalischen und orthopädischen Einwänden mit hocherhobenem Haupt und durchweg stolz geschwellter Brust daher trabten und nicht steif und starr wie ein Brett auf vier Beinen dahin stampften.

Riesenechse der Vorzeit. Hoch aufgerichtete Körper mit hängendem Schwanz oder daherkommend wie ein Brett auf Beinen ?

Die "schrecklichen Echsen", wie die griechische Übersetzung für Dinosaurier lautet, lebten wohl in einem Zeitraum von vor ca. 250 mio. Jahren bis rd. 65 mio. Jahren.
Es mag schon zu Anfang einiges Staunen bereiten, wenn man die ungeheure Artenvielfalt dieser Tiere betrachtet und sie in Relation setzt zur evolutionären These.
Die schier unermesslich anmutende Anzahl der einzelnen Arten, Unterarten und Gattungen läßt die Omnipotenz und geradezu grenzenlose Kreativität der Natur erahnen: so sie denn tatsächlich als " Designerin " dieser Tiere gelten soll.

Denn wahrlich in einem Zeitraum von " nur " 180
Mio. Jahren , was für "natürlich-evolutionäre"
Verhältnisse schon eine relativ kleine Zeitspanne
darstellt, sollen Lebewesen, die teilweise die Größe
eines mehrstöckigen Wohnhauses erreicht haben
sollen und mit Ihrer Länge durchaus einen mittleren
Garagenhof hätten ausfüllen können, faktisch aus
dem Stand produziert worden sein, um dann durch
einen Meteoriteneinschlag oder nur durch schnöde
ökologische Veränderung von der phantastischen
Landkarte der Evolution zu verschwinden? Und
Futtermangel hin, wenig Lebensraum her, billigt die
here Wissenschaft der so intelligenten Evolution
keinen Neuanfang zu ? Denn bis auf wenige
Überlebende verschwanden dann T. Rex und Co.
recht sang-und klanglos im Meer der Zeit.
Nun ja, so könnte entgegnet werden, wenn dann
aber tatsächlich ein gewaltiger kosmischer Stein die
Erde getroffen hat und die Dinos dadurch
verschwunden seien ?
Okay, gesetzt der Fall es war so: Warum sind dann
nicht auch andere Tierarten oder auch ganze
Pflanzengattungen vom Rummelplatz der
evolutionären Ideen verschwunden ? Hatten diese
eine anders geartete evolutionäre Substanz als ihre
gewaltigen Co-Bewohner ?
Wage ich zu bezweifeln !!

Im übrigen hätte die allwissende Evolution bei nicht gefallen ihrer Produkte dieselben dann wieder verschwinden lassen können, nach ein paar Generationen. Oh nein, ich vergaß, Evolution ist ja nach wissenschaftlicher Ansicht irreversibel, heißt dann wohl auch, dass gemachte Fehler weiter strukturiert werden dürfen, oder andersherum ausgedrückt: Wer A sagt muß auch B sagen ? Aber da, so denke ich, beißt sich die wenig stromlinienförmige Theorie der evolutionären Dynamik in ihren eigenen fiktiven Schwanz! Wie man es auch dreht und wendet, ob man den Verstand einsetzt, die Phantasie, oder auch beides: Es passt nichts zusammen.

Offensichtlich fehlende Kompatibilität wird durch plumpes wissenschaftliches komprimieren und destrukturieren der Fakten passend gemacht!! Nach dem alten Motto: Weil nicht sein kann, was nicht sein darf werden Theorien über Theorien aufgestellt die so leer sind wie eine aufgerauchte Packung Zigaretten.

Nun will und kann ich natürlich nicht behaupten, das jede wissenschaftliche Theorie im allgemeinen, und die paläo-anthropologischen im besonderen nur hohle Phrasen seien und jeder Realität entbehren. Das ist nicht meine Absicht. Ganz und gar nicht. Eher im Gegenteil. Solange eine Theorie mit den realen beobachtbaren und evaluierbaren

Eckpunkten des zu untersuchenden Objektes eine
Kongruenz aufweist, ist alles in Ordnung.
Denn das glaube ich sind grundlegende Aspekte
wissenschaftlichen Arbeitens. Da aber, wie bereits
mehrfach festgestellt, in unseren speziellen Fällen
Theorie und Praxis eklatante Differenzen
aufweisen muß schleunigst und am besten sofort
gehandelt werden.

Nachfolgend noch eine Passage aus meinem Buch
Paläo-Seti und Wissenschaft, die über die
sogenannten *Steine von Ica handelt,* welche ich
mehrfach angesprochen habe, damit Sie auch
darüber einen Überblick bekommen.

Die Steine von Ica
oder
echte Plagiate

Im Jahre 1961 wurden vermutlich in Flüssen und Grotten nahe der peruanischen Stadt *Ica* Andesitsteine gefunden, welche Gravuren aufwiesen, die u.a. auch Dinosaurier mit Menschen in toleranter Zweisamkeit darstellten.
Publik gemacht wurden diese Steine durch einen einheimischen Mediziner namens Javier Cabrera. Zunächst als sensationeller Fund betrachtet, gerieten die Steinfunde dann sehr schnell in den Verdacht, doch gefälscht zu sein.
Ich möchte nun hier nicht allzu sehr ins Detail gehen und alle gemachten Ausführungen und Äußerungen zu diesem Thema anführen. Dies würde ein eigenes Buch ausmachen.
Zur Daten-und Faktenlage kann ich mitteilen, dass wissenschaftliche Untersuchungen aus dem Jahre 1966 und mehreren Überprüfungen danach bis heute weder belegen noch eindeutig beweisen, dass die Steine echt sind. Aber darum geht es meines Erachtens auch gar nicht primär. Denn das Hauptargument der Kritiker bezieht sich auf die "*Schwänzchen runter*" Darstellung der Dinos. Danach mußten die Steine ein Schwindel sein, da ja wie bekannt die Dinos waagerecht daherliefen.

Da wir aber diese Theorie als ad absurdum führen können und dürfen erübrigt sich dieses Hauptargument der Kritik und wir haben eine Pattsituation. Ob nun ein ansässiger Landwirt diese Steine gefälscht hat oder seine Mitstreiter, ob es hier strafrechtliche Konsequenzen für die Beteiligten gab oder nicht, und ob Herr Erich von Däniken[3] Abstand zu den in seinen Büchern gemachten Äußerungen zu den Steinen von Ica nimmt oder nicht, spielt keine Rolle. Der guten Ordnung wiederum und praktisch um ein Upgrade durchzuführen anschließend wieder eine Stellungnahme der bekannten Mysteria 3000 Kritikerin. Danach erfolgt mein Resümee..

Lexikon: Die Steine von Ica
Sie gehören heute zu einem festen Bestandteil der prä-astronautischen- und alternativ archäologischen Literatur, die so genannten Steine von Ica. 1974 war es der Franzose Robert Charroux, der das erste Mal auf die "rätselhafte" Sammlung des Arztes Dr. Javier Cabrera aufmerksam machte.

---

[3]   Erich von Däniken: Gilt als Begründer der Präastronautik

Der inzwischen verstorbene Cabrera beherbergte in seinem Privatmuseum Tausende von gravierten Steinen, die unglaubliche Szenarien zu zeigen schienen, Dinosaurier und Menschen in scheinbarer Eintracht miteinander, Indios mit Teleskopen und sogar Herzoperationen. Cabrera behauptete, die Steine würden aus unterirdischen Höhlen und Flussbetten stammen, wo sie offensichtlich von den Indios vor sehr langer Zeit versteckt wurden.

Für Charroux war das der Beweis: Hier musste es sich um Relikte einer vorsintflutlichen Kultur handeln, da war er sich sicher, so sicher, dass er in seinem Buch nicht den geringsten Zweifel an der Echtheit der Steine äußerte, und über Cabrera sogar schrieb: "er wird mit Herodot, Plato, Buffon und Boucher de Perthes in eine Reihe gestellt werden, denn er räumt auf mit den falschen Thesen, die bis jetzt über die vorgeschichtlichen Zeiten und die alten Kulturen an den Universitäten gelehrt werden."

Erich von Däniken war da schon kritischer. Er besuchte schon früh den Fälscher Basilo Uschuya und sah diesem bei der Herstellung eines der Steingravuren über die Schulter. Die Motive für die Steine kamen laut Uschuya aus Illustrierten.
Solche Fälschungen können Touristen noch Heute in Peru kaufen.

Abb. 1: Gefälschter gravierter Stein aus Peru, mit einem Motiv aus Nasca. Sammlung: André Kramer

Den letzten Schritt ging aber auch Däniken nicht. Er konnte sich nicht vorstellen, das tatsächlich alle diese Steine gefälscht worden wären.

Sind die Steine also alle gefälscht, oder existieren auch echte, alte Steine?

Däniken führte als Beweis dafür, dass es auch alte Steine gibt, eine Oxidationsschicht an, die auf einigen der Gravurrillen zu sehen seien, während eine solche bei frisch hergestellten Gravuren nicht zu sehen ist. Unter Berufung auf Cabrera behauptete Bernard Roidinger, einige der Steine wären auch in präinkanischen Gräbern von Archäologen gefunden worden, weiter schrieb er, würden die Steine aus

117

stark verkohltem Andesit bestehen, einem Vulkangestein. Hierzu erklärte der Geologe Dr. Heinz Kruparz aber, dass diese Aussage geologischer Unsinn sei, da so etwas wie "verkohltes Vulkangestein" überhaupt nicht existieren würde. In den 90ern wurde auch eine zweite Sammlung Cabreras bekannt, die aus Tonfiguren bestand, die vorwiegend ähnliche Motive wie die Steine zeigten. Beschrieben wird diese Sammlung dann in etwa zur selben Zeit auch von verschiedenen Autoren. Und was ist jetzt von diesen Steinen tatsächlich zu halten? Es lässt sich schlussendlich nicht ausschließen, dass sich unter den Sammlungen auch tatsächlich alte Objekte befinden, aber die unkonventionellen Darstellungen, zum Beispiel von Dinosauriern disqualifizieren sich quasi schon selbst. Bis in die späten 80er nahm man gemeinhin noch an, Dinosaurier wären Schwanzschleifer gewesen, während die neueren Erkenntnisse zeigen, dass sie ihre Schwänze steif in der Luft balancierten.

Abb. 2/3: Alte T-Rex Rekonstruktion in "Känguruhaltung" und neue Rekonstruktion mit steifem Schwanz im Dinosaurierpark Münchehagen.

118

Die angeblichen Dinosauriergravuren auf den Steinen von Ica zeigen aber noch die Schwanz schleifenden Dinosaurier, wie es zu der Zeit angenommen wurde. In diesem Zusammenhang ist auch interessant, dass gerade Dr. Hans-Joachim Zillmer die Steine als Beweise für ein Zusammenleben von Mensch und Dinosaurier ansieht, obwohl er doch selber in einem seiner weiteren Bücher explizit darauf hinweist, dass die Dinosaurier eben keine Schwanzschleifer waren. Die Sammlung des Dr. Cabrera ist letztendlich ein weiteres Beispiel für in fantastische Indizien, die sich bei näherer Betrachtung aber als äußerst fragwürdig erweisen und für jedwede Beweisführung nichts mehr taugen.

Mysteria3000 Alternative und interdisziplinäre Archäologie Fokus
https://mysteria3000.de/lexikon/die-steine-von-ica/
Aufruf 09/2022

Soweit also wieder einmal eine Stellungnahme von Mysteria 3000.

Interessanterweise zielt die Kritik weniger auf die Plagiate denn mehr auf die "*Schwänzchen-hoch-Theorie*" der paläontologischen Forschung ab. Kurioserweise wird auch noch die eventuelle Existenz echter Steine in Betracht gezogen und eingeräumt. Nach Abwägung und Austarierung der vorliegenden Fakten können wir allerdings mit gutem Gewissen sagen, dass die vielgescholtene praeastronautische Theorie der Steine von Ica unter keinen Umständen zu den phantastischen Akten gelegt werden dürfen. Zu evident ist die Tatsache, dass eine Co-existenz zwischen Dinos und Menschen stattgefunden hat!!

Am Rande eine kurze Zwischenbemerkung: Woher hatten die mehr oder weniger und obendrein wohl auch noch teilweise kriminellen unbekannten Graveure der Ica-Steine eigentlich ihr Wissen? Denn in den siebziger Jahren des vorigen Jahrhunderts war die Theorie einer Dino-Mensch Synbiose wenig en vogue. Schon gar nicht bei irgendwelchen Indios. Auch wenn später dann falsche Steine gefertigt wurden: waren die Prototypen doch echt ?

Summa sumarum braucht es nicht allzuviel, um eine als vermeintlich falsch ausgelegte Theorie wieder an ihren rechten Platz zu rücken. Und wenn ich nun im nächsten Kapitel den amerikanischen Kontinent zunächst einmal verlasse, um das dunkle Kapitel der ägyptischen Glühbirnen von Dendera zu beleuchten, darf ich an dieser Stelle schon vorwegnehmen, das auch diese Thematik und Theorie dem wissenschaftlichen Lichtstrahl der Erkenntnis mehr Schatten abverlangen kann, als gewissen Kreisen lieb wäre!! Denn wie gesagt: manchmal genügen schon kleinste Steinchen um gehörig ins Straucheln zu geraten. Somit schließe ich dieses Kapitel mit den Worten des U.S. amerikanischen Schriftstellers Oliver **Wendell Holmes** (1809 - 1894)

Wissenschaft ist ein erstklassiges Möbelstück der bel etage-sofern im Erdgeschoß gesunder Menschenverstand herrscht

Ich will hoffen, dass das gelesene Sie interessiert hat und Sie nun die Frage Ei-Henne besser beantworten können. Ich kann es allerdings nicht. Denn die von mir gemachten Äußerungen sind bis dato noch alle aktuell und somit immer noch einheiliger wissenschaftlicher Konsens. Es werden nach wie vor alternative Möglichkeiten nicht in Betracht gezogen und weiterhin allenfalls hochmütig belächelt.
Und hierzu passt vortrefflich eine Äußerung des großen deutschen Dichters **Friedrich von Schiller** aus seinem Werk *Jungfrau von Orleans*

„Gegen Dummheit kämpfen selbst Götter vergebens".

Lifestyle und Menschen
oder
Individualität en masse

Das Allgemeine und Besondere fallen zusammen:
Das Besondere ist das Allgemeine, unter
verschiedenen Bedingungen erscheinend.

Johann *Wolfgang* **von Goethe**

Schon der Dichterfürst zu Weimar hatte bereits zu
seiner Zeit den (Un)-sinn von der Individualität
beschrieben, wenn wahrscheinlich auch nicht so
direkt gewollt und beabsichtigt. Jedoch hat er schon
erkannt, wie schnell sich ein Denkmuster zur
Narretei und zum Possenspiel entwickeln kann.
Wie also der irische Schriftsteller Samuel Beckett
schon äußerte, ist ein Individuum die Folge von
Individuen. Wir wollen alle, oder viele, so ungeteilt
und besonders sein, dass es schon wieder in die
Allgemeinheit und somit Langweiligkeit umschlägt.
Das angestrebte nonkonforme wird rasch konform
und schon ist sie wieder dahin, die Individualität.

Sie sind doch auch bestimmt eine ganz individuelle Persönlichkeit und pflegen gewiss demzufolge einen adäquaten Lifestyle.

Natürlich konsumieren Sie keine Zigaretten oder Rauchwaren jeder Art, Alkohol ist für Sie praktisch ein Fremdwort und höchstens zu Silvester eine Frage, hier aber nicht mehr als Fingerhut-Format. Sportliche Aktivitäten bekräftigen nur ihre scheinbare Einzigartigkeit, gesunde Ernährung und diverse andere a-toxische Maßnahmen komplettieren dies alles. Vielleicht gehen Sie auch 1x wöchentlich in die Sauna, achten penibelst darauf Vitamine, Mineralien und Spurenelemente nicht nur mit der Nahrung, sondern auch über andere Wege in ausreichender Menge zu sich zu nehmen.

Dies alles in der trügerischen Hoffnung, recht alt zu werden, damit Sie und ihr Antlitz dieser Welt so lange wie möglich erhalten bleibt. Verstehen Sie mich jetzt nicht falsch, natürlich wünsche ich Ihnen ein langes und gesundes Leben und das Sie alt werden sollen steht außer Frage, allerdings brauchen sie nach wie vor das bereits gebrauchte Glück mit seiner Fortsetzung, gepaart mit...Zufällen.

Wie gehabt.

Nachfolgend erst wieder einen Artikel zur Individualität, damit Sie nicht denken, ich hätte nur eine Exklusiv-Meinung.

Der Individualismus ist zu einer Karikatur seiner selbst geworden

Ein segensreiches Prinzip ist ausser Rand und Band geraten: Die individuelle Freiheit dient heute als Rechtfertigung für alle möglichen Arten von verantwortungslosem Handeln. Wie konnte es dazu kommen? Es gibt vermeintliche Gewissheiten, die einem so penetrant eingetrichtert werden, dass man sie kaum hinterfragt. Eine dieser Gewissheiten besagt, dass Individualismus die Grundlage einer freiheitlichen Gesellschaftsordnung sei. Dem Individualisten, der kritisch denke und unabhängig handle, so das Argument, fliesse demokratische DNA durch die Adern. Als unermüdlicher Kämpfer für Selbstverantwortung und Autonomie bilde er den Nukleus des Widerstands gegen kollektivistische Übergriffe jeder Art. Gerade eben hört man diesen Tenor häufiger denn je. Wenn eine gewaltbereite Bürgerwehr ein Attentat auf die Gouverneurin des US-Gliedstaats Michigan plant, um die Verhängung einer Lockdown-Verordnung zu rächen, dann tut sie dies mit dem Verweis darauf, dass die Corona-Massnahmen ihre individuellen Freiheitsrechte beschnitten hätten. Mit ihrer individuellen Freiheit argumentiert auch die Mutter, die darauf verzichtet, ihr Baby gegen Masern impfen zu lassen, und der Strahlenphobiker, der einen Funkmasten sabotiert, um die Inbetriebnahme von 5G-Antennen zu verhindern. Diese Beispiele zeigen zwei Dinge auf: Erstens ist das Misstrauen gegenüber tatsächlichen und imaginären Eingriffen in die eigene Lebensführung enorm. Und zweitens wird dabei fast immer reflexartig an den Individualismus appelliert, als wäre er ein ausreichender Legitimationsgrund für mehr oder weniger verantwortungsloses Handeln im Namen der persönlichen Integrität. Nur: Der Individualismus ist nicht die

Lösung gesellschaftlicher Übel, sondern zunehmend das Problem. Tatsache ist, dass der heute praktizierte Individualismus seine Identität und Existenzgrundlage nicht aus einer inneren Überzeugung gewinnt. Er definiert sich vielmehr via Konfrontation und Ablehnung. Eine Ablehnung, die sich gegen jeden und alles richten kann, besonders oft aber auf den Staat und seine Organe abzielt. Der Obrigkeitshass militanter Selbstbestimmungsfanatiker nimmt denn auch immer düsterere Züge an. Er ist eines der Hauptsymptome des «Zeitalters des Zorns», das der indische Essayist Pankaj Mishra in seinem gleichnamigen Buch so plastisch skizziert. Ganz egal, wo man hinschaut, entlädt sich die Wut der Frustrierten, Übergangenen und Abgehängten auf die politische Klasse und das nicht genauer definierte «System». Aufgepeitscht von Populisten, die sich selbst als Outsider feiern, besinnt sich ein ehemals schweigender Teil der Bevölkerung plötzlich auf seine Rechte, die er primär als Freipass für zivilen Ungehorsam und Selbstjustiz auslegt.

Schauen Sie sich Videos von Maskengegnern an, die im Alleingang ganze Supermärkte demolieren, und Sie wissen, was ich meine.

Alte Marketingtricks

Die Berufung auf den Individualismus als Idealzustand menschlicher Existenz und Korrektiv gegen staatliche Kontrolle ist freilich nicht neu. Margaret Thatcher verkündete in den 1980er Jahren mit grösster Selbstverständlichkeit, dass es so etwas wie «die Gesellschaft» gar nicht gebe. Die einzig relevante Grösse war für sie der oder die Einzelne. Damit war auch eine Erwartung verknüpft: Wer für sich alleine in der Welt steht bzw. stehen darf, ist moralisch verpflichtet, das Beste aus sich zu machen. Von dieser romantischen Vorstellung, die auf dem Denken von Wilhelm von Humboldt, John Stuart Mill und Herbert Spencer aufbaut, sind wir heute meilenweit

*entfernt. Nicht etwa weil der Individualismus gefährdet wäre,
wie libertäre Querulanten lauthals verkünden, sondern weil er
ausser Rand und Band geraten ist. Anzeichen dafür gibt es
überall. Personalisierung und Individualisierung sind Trumpf,
ob beim massgeschneiderten T-Shirt oder beim Sex-Toy.
Natürlich handelt es sich dabei um eine reine Illusion. Die
Behauptung, dass ein Konsumgegenstand zur Individualität
seines Käufers beitrage, ist der älteste Marketingtrick der Welt.
Dass er immer noch funktioniert, spricht für die Finesse der
Werbestrategen, nicht aber für die Selbstwahrnehmung der
Konsumenten. Sie geben sich der Illusion, anders zu sein, noch
so gerne hin und verteidigen diesen Status auf überheblich-
aggressive Art. Die Online-Kommentarspalten der
Tageszeitungen, ganz zu schweigen von Twitter, zeugen davon:
Jeder glaubt eine Meinung zu haben, die es wert ist, verbreitet
zu werden. Und weil sie es wird, kennt die individuelle
Selbstüberhöhung keine natürliche Grenze mehr.*

Der Siedler-Mythos expandiert

*Wie ist es dazu gekommen, dass sich der Individualismus in
eine schlechte Karikatur seiner selbst verwandelt hat? Er, der
den Schlüssel zur vollen Entfaltung des menschlichen
Potenzials hält und uns mehrheitlich von Diktatur, Sklaverei
oder den Zwängen der Religion befreit hat? Wie der Yale-
Historiker und Pulitzerpreisträger Greg Grandin überzeugend
darlegt, ist die Ursache im Frontier-Mythos der
amerikanischen Expansion nach Westen zu suchen. Der
Siedler, der mit nichts ausser der Hoffnung auf Lebensraum
und eine Existenzgrund -lage in die Wildnis zog, hatte zäh zu
sein. Seine Selbstgenügsamkeit manifestierte sich in einer
Allergie gegen jegliche Form von Interventionismus. Andrew
Jackson, der siebte US-Präsident und unzimperliche ehemalige
General, erhob das freiheitsliebende Siedlerprinzip zur*

*Staatsräson. Sein Anspruch war, den Bundesstaat auf einen
Zustand «primitiver Einfachheit» zu reduzieren, bei
gleichzeitiger Aufrechterhaltung der maximalen individuellen
Freiheit. Jacksons Definition von Freiheit war weit gefasst und
schloss die systematische Enteignung und Vertreibung
indianischer Stämme mit ein. Trotzdem setzte sie sich als
Vorlage für den weiteren Verlauf der amerikanischen Innen-
und Aussenpolitik durch. Mindestens so erfolgreich war sie als
ideologisches Exportprodukt, das der spezifisch
amerikanischen Frontier-Erfahrung zu globaler Gültigkeit
verhalf und die europäische Tradition des Freiheitsdenkens
zunehmend verdrängte. Jacksons Vision rettete sich weitgehend
unbeschadet ins 20. Jahrhundert und gewann als
Panikreaktion auf den New Deal neuen Schub. Noch vor F. A.
von Hayeks «Weg zur Knechtschaft» veröffentlichte die
amerikanische Autorin Rose Wilder Lane mit «The Discovery
of Freedom» 1943 ein zentrales libertäres Manifest der
Moderne. Sie beschwor darin explizit den Mythos des Siedlers,
um den Kampf gegen das Schreckgespenst sozialstaatlicher
Bürokratie zu lancieren. Die intellektuellen Vordenker der
Bewegung, vornehmlich europäische Emigranten, und ihre
Anhänger in Politik und Wirtschaft legten daraufhin das
Fundament für einen globalen Siegeszug, der sich ab den
1970er Jahren zunehmend beschleunigte und mit dem
Zusammenbruch der UdSSR totale Dominanz erreichte. Sie
resultierte nicht nur in Deregulierung, Privatisierung und
Steuersenkungen, sondern pflügte auch die Bildungslandschaft,
das Recht und die Philosophie um.*

Gefährdung von allen Seiten

*Bei allem Erfolg erweist sich der ungebremste Individualismus
heute aber als Sackgasse. Das gilt besonders für die USA.
Grandin bemerkt dazu, dass «in einer politischen Kultur, die
individuelle Rechte als sakrosankt betrachtet, soziale Rechte*

als ketzerisch gelten. Sie stellen eine Schranke dar, und Schranken verletzen die Prämisse, dass alles unbegrenzt weitergehen kann. Aber Individualismus lässt sich nicht nur als Wille zu expansiver Freiheit auf Kosten von Ausgleich und Toleranz interpretieren, sondern auch als Bekenntnis zur Abkapselung. Ausgerechnet der progressive Mainstream fährt eine knallharte Isolationsstrategie und ist damit mindestens genauso für die Misere des Individualismus verantwortlich wie die libertäre Rechte. Warum? Zum einen, weil er die Schutzwürdigkeit individueller Freiheit immer weiter ausdehnt und damit hyperspezifisch macht. Dazu gehört die Forderung nach einem dritten Personalpronomen für Transgender genauso wie die Einführung von «safe spaces» für konfliktscheue junge Menschen, die keine Kritik vertragen. Zum anderen, weil auch das linke Establishment dem Märchen von der Chancengleichheit aufgesessen ist, in dem es jeder schaffen kann, der hart genug an sich arbeitet. Die Sprache dieses Märchens, der Philosoph Michael Sandel nennt sie die «Rhetorik des Aufstiegs», hat ein toxisches Leistungsdenken herangezüchtet, dessen Verlierer ebenjene sind, die aus Desillusionierung der Neuen Rechten den Weg geebnet haben. Individualismus, verstanden als Unangepasstheit und Eigentümlichkeit, ist gut, faszinierend, interessant. Aber nicht, wenn er zu einem verengten Geisteszustand wird, der die Konsensfindung verunmöglicht. Der Individualismus hat den Horror kollektivistischer Ideologien über-wunden. Dafür hat er uns in den Albtraum einer zersplitterten Gesellschaft geführt.

Der blinde Drang nach unbedingter Selbstbestimmung kann auch in die Knechtschaft führen: in die Knechtschaft des Egos, in der man nur selbst Gesetz ist. Es ist nur eine Frage der Zeit, bis ein kollektivistischer Backflash folgt, der sich gewaschen hat.

https://www.nzz.ch/feuilleton/individualismus-ein-grosses-prinzip-ist-ausser-kontrolle-geraten-ld.1583303   Aufruf 02/2023

Dieser Artikel beschreibt sehr eindrucksvoll, was es mit dem Individualismus auf sich hat und welche Gefahren in ihm stecken. Die permanente Selbsterhöhung, dass ständige hinweisen und zur Schau stellen der eigenen, ach so vermeintlich formidablen Persönlichkeit, kann dann im Extremfall ins Abseits führen und natürlich ungeahnte Konsequenzen nach sich ziehen. Wenn bspw. Berechtigte Bürgerbegehren zu weit ausgereizt werden können sich daraus recht schnell für alle Beteiligten unangenehme Folgen ergeben. Denn wie es schon Goethe in seinem Tasso schreibt, kann der Irrende, was ihm an Kräften und Wahrheit fehlt, durch Heftigkeit ersetzen.

Hierzu passt hervorragend das Milgram-Experiment, wenn auch etwas schräg, aber in so einem Ergebnis könnte die Individualisierung münden. Deshalb denken Sie stets daran, dass es Ihnen nichts nutzen wird, egal was Sie auch unternehmen, eines Tages sind Sie und Ich auch, sang-und klanglos von der Lebensbühne abgetreten.

Ob Sie da nun einen für sich respektablen Lifestyle zelebriert haben und ihre einzigartige Individualität gelebt haben; es wird nichts bringen, plump ausgedrückt. So oder so. Dies ist, wenn auch zugegeben eine lapidare, so doch eine Tatsache. Wobei das mit den Tatsachen auch so eine recht heikle Angelegenheit ist. Denn ist das was wir manchmal sehen auch wirklich real? Oder ist es oftmals ein Traum innerhalb eines Traumes, um es mit George Bernhard Shaw zu hinterfragen.

"Die Erkenntnis erschafft erst den Gegenstand, in ihr entsteht er erst, als eine Begriffsbildung zur Logisierung des sinnlich Gegebenen. ...
Wissenschaft vermittelt uns überhaupt nicht irgendeine Realtität, sondern sie ist eine völlige Neuschöpfung - so wie die Kunst eine solche in einer anderen Art ist. Ihr Inhalt ist eine Gestaltung aus der erlebten Wirklichkeit unter dem Gesichtspunkt einer speziellen Bewertung. Die Realität läßt sich nicht durch Erkenntnis ersetzen,
ganz in die Erkenntnis hineinnehmen und Erkenntnis läßt sich nicht restlos in Wirklichkeit auflösen. Erkenntnis und Realität sind immer zweierlei."

VIKTOR KRAFT, Weltbegriff und Erkenntnisbegriff, Leipzig 1912, Seite 156f

Letztlich müssen Sie dies alles für sich selbst entscheiden. Aber das wissen Sie sowieso und handeln dementsprechend.

Nun zurück zum Lifestyle. Nachfolgend wiederum einige Textpassagen aus meinem Buch *Paläo-SETI und Wissenschaft,* die wie ich hoffen will, Ihnen einige Mythen nehmen wird. Denn Ihre Gesundheit steht doch an erster Stelle. Selbstredend.
Auch diese Äußerungen sind nach wie vor aktuell und bedürfen, falls überhaupt, nur einer peripheren Korrektur.

Die Strophantus-Pflanze, von der noch die Rede sein wird. Wikipedia. Aufruf 02/2023

Die Theorie der verstopften Arterien, genauer der Koronararterien, als Schlüsselmechanismus für die Entstehung eines sog. Herzinfarktes gilt heute noch in der Medizin als unumstößlich.

Gelten doch die Coronarien, verantwortlich für die Durchblutung des Herzmuskels, als sogenannte funktionelle Endarterien, heißt, dass sie irgendwo im Herzmuskel enden und praktisch aufhören zu existieren. Ohne das sie untereinander sog. Anastomosen bilden, also Kurzschlüsse zwischen Gefäßen oder auch Kollateralen bilden, dass sind Umgehungskreisläufe von Gefäßen, so sie denn durch eine Verengung blockiert sind. Zwar räumt die Medizin diese exorbitante Maßnahme der Natur ein; sagt aber im selben Augenblick das diese Regelung nicht ausreiche, um eben z.b. hochgradige Verschlüsse einer Koronararterie zu kompensieren. Dabei ist es spätestens seit den 1960er Jahren bekannt, dass dies doch der Fall ist.

Der italienische Pathologe und Kardiovaskular-spezialist **Prof. Dr. Giorgio Baroldi** aus Mailand entdeckte nach jahrzehntelanger Forschungs-tätigkeit und Studien, dass schon von Geburt an im menschlichen Herzen die Anlage festgelegt ist, dass Stenosen (Verengungen) der Koronararterien durch Umgehungskreisläufe nahezu vollständig kompensiert werden. Diese nehmen sogar proportional zum Aussmaß der Stenose zu und sind kreuz und quer im Herzmuskel vorhanden. Zunächst wurde diese Entdeckung in der Medizin hochgepriesen und war praktisch anerkannt. Doch dann, rein aus commerziellen und finanziellen Erwägungen, nicht zuletzt auch durch zunehmenden Druck seitens der forschenden Pharmaindustrie, geriet Baroldi ins Abseits und wurde abgemeldet. Dieser eklatant-evidente wissenschaftliche Fauxpas ist ein Skandal ohne gleichens und in seiner Endkonsequenz absolut letal. Er kostet vielen herzkranken Menschen das Leben weil falsch therapiert wird obwohl wissenschaftlich korrekte und einwandfreie nachvollziehbare Studien vorliegen. Stattdessen wird mit fast nutzlosen Medikamenten therapiert und herzchirugisch interveniert was die Skalpelle hergeben und die Herzkatheterschläuche aushalten. Die traurigen Statistiken zu diesen „Therapien" kann jedermann einsehen. Kümmern tut es die Medizin wenig. Unverdrossen wird mit dem Leid und dem Leiden vieler Betroffener weiterhin sehr gut verdient. Ohne das sich Schamesröte im Gesicht zeigt, erklären Kardiologen dem Patienten heute noch veraltete Lehrmeinungen aus dem 17.bzw. 18 Jahrhundert. Ich verweise auf die entsprechende Literatur und bin auch gerne bei entsprechenden Recherchen behilflich.

Als Stichwort nenne ich hier noch das körpereigene Hormon und Medikament Strophanthin bzw. Quabain, das in diesem Kontext zur Myokardinfarktprophylaxe-und therapie auf übelste Art und Weise von „wissenschaftlicher" Seite diskreditiert wurde, obwohl hierzu selbstverständlich seriöse Studien vorliegen. Obschon ich es nicht mehr erwähnen möchte: Betablocker und ACE-Hemmer bringen viel mehr Geld ein als eine Pflanzenart die eine hochpotente Arznei produziert. Ich verweise auch hier auf die umfangreiche Literatur welche zu Strophanthin existiert.

Verkalkte Adern gelten gemeinhin als Krankheit der Moderne. Doch eine Studie an 137 Mumien zeigt nun, dass schon die Ägypter und Inka daran litten. Die Bilder aus dem CT sind erstaunlich.
Arteriosklerose ist schon seit Tausenden von Jahren weltweit verbreitet. Mumien aus vier unterschiedlichen Weltregionen und Epochen wiesen in einer Untersuchung Ablagerungen in den Arterien auf. Das berichtet ein internationales Forscherteam im britischen Journal „The Lancet".Die Wissenschaftler untersuchten 137 Mumien aus dem alten Ägypten, Peru, dem Südwesten der heutigen USA und Alaska mithilfe von Computertomografen.

Dabei konnten sie bei mehr als einem Drittel der mumifizierten Körper Anzeichen für die Erkrankung nachweisen. In manchen Fällen hatte der Zahn der Zeit zwar die Gefäßwände selbst zerstört, aber die Kalkablagerungen waren noch deutlich zu erkennen.Bei über einem Drittel der untersuchten Mumien fanden die Forscher Hinweise auf die verkalkten Blutgefäße. Wie auch in unserer modernen Gesellschaft waren vor allem Mumien älterer Menschen von der Krankheit betroffen. In Fällen, in denen die Wissenschaftler das Alter der einzelnen Mumien anhand ihrer Knochen bestimmen konnten, schien der Grad der Verkalkung sogar in Relation zum Sterbealter zu stehen. Schon damals also war Arteriosklerose ein Risikofaktor. Arteriosklerose galt bislang als Zivilisationskrankheit, die zwar im Alter häufiger auftritt, aber vor allem durch fettreiche Ernährung, mangelnde Bewegung und Rauchen hervorgerufen wird. „Aufgrund der Resultate glauben wir, dass unser Verständnis der Ursachen für Arteriosklerose unvollständig ist", sagte Randall Thompson vom Saint Luke's Mid America Heart Institute in Kansas City, USA, einer der Studien-Autoren. „Die Krankheit könnte auch irgendwie unweigerlich an den menschlichen Alterungsprozess gekoppelt sein."

Die Studie ist nicht die erste, die bei Mumien Spuren von krankhaften Veränderungen der Blutgefäße offenbart. Vor allem bei Mumien aus Ägypten wurden diese längst dokumentiert. In der neuen Untersuchung ging es den Wissenschaftlern aber darum, auch in anderen Regionen und Jahrhunderten nach Hinweisen für die Krankheit zu suchen. Bislang gingen Forscher davon aus, dass vor allem ägyptische Mumien von verkalkten Blutgefäßen zeugten, weil unter den Pharaonen der Lebensstandard besonders hoch war. Sie hatten viele Reichtümer und aßen Speisen, die hohe Konzentrationen an ungesunden gesättigten Fettsäuren enthielten. Die Wissenschaftler konnten nun aber zeigen, dass die Ernährung und der Lebensstil wohl nicht die Hauptursachen für die Arteriosklerose sind. „Die Tatsache, dass wir ähnliche Grade von Arteriosklerose in allen unterschiedlichen Kulturen vorgefunden haben, die alle unter-schiedliche Ernährungsgewohnheiten hatten, zeigt, dass die Krankheit wahrscheinlich viel verbreiteter in der Welt unserer Vorfahren war als bislang angenommen", sagt Randall Thompson. Die Forscher hätten auch Mumien studiert, die nicht einbalsamiert worden waren.

Sie wurden durch natürliche Prozesse mumifiziert wo durch nicht nur die damals Reichen, sondern auch arme Menschen der damals lebenden Bevölkerung untersucht werden konnten. Der Rückschluss der Forscher ist, dass die Verkalkung von Gefäßen möglicherweise weniger mit einem ungesunden Lebensstil einhergeht, sondern eher ein normaler Alterungsprozess ist.

https://www.welt.de/gesundheit/article114309120/Arterienverkalkung-gibt-es-schon-sei t-Jahrtausenden.html Aufruf 02/2023

Eigentlich hätte dieser kurze Artikel für ein revolutionäres Umdenken und einem lauten Aufschrei der Erleichterung in den medizinischen Wissenschaften führen müssen. Endlich hat man doch nun eine Ursache für die so tückische Arteriosklerose und Ihren möglichen Komplikationen gefunden. Herzinfarkte, Schlaganfälle oder Durchblutungsstörungen jeglicher Art sind nicht mehr auf unseren Lebensstil zurückzuführen, sondern sind rein biologisch bedingt. Eben ein Problem des Alterns.
Das dies aber schon sehr lange bekannt ist, ist eigentlich schon wieder weniger bekannt. Denn schon von Geburt an beginnen arteriosklerotische Gefäßveränderungen zu entstehen; und

nicht umsonst veranlagt die Natur ebenso von
Geburt an ein System von Umgehungskreisläufen
für eben etwaige Verengungen, um diese zu
kompensieren. Und das weder zu wenig
Bewegung noch zu fettes Essen zu gefährlichen
Durchblutungsproblemen führen, dürfte
mittlerweile auch bekannt sein.
Natürlich ist es ein Problem des Alterns. Denn
wie jede Form verändern sich auch Blutgefäße
mit zunehmender Daseinsdauer. Nichts bleibt
wie es ist. Das Panta Rhei des Heraklit findet
hier seine Entsprechung.
Wie reagiert un die Medizin auf diese alte neue
Erkenntnis? Gar nicht. Nach dem Motto: Was
kümmert es den Mond, wenn die Hunde ihn
anbellen, wird munter weiter doziert von den
doch so schlimmen Folgen von mangelnder
Bewegung usw. Denn damit läßt sich natürlich,
wie bereits erwähnt, viel Geld verdienen.
Außerdem würde es bedeuten, einen
unglaublichen Irrtum zugeben zu müssen.
Undenkbar. Also, wie und was Sie auch anstellen
mit ihren gesunden Leben: Sie werden auch
Glück brauchen.

Soweit also eine Berichterstattung über den Lifestyle und die Einzigartigkeit des Menschen und seine Individualität. Damit soll es dann auch zu diesem Thema genug sein.

Allerdings noch eines: Noch eine kleine Anmerkung zu Glück und Zufall. Damit Sie dies auch aus berufenen Quellen entnehmen können.

Hohe Vermögen sind vor allem vererbt
Wer in Deutschland sehr reich ist, musste dafür selten selbst etwas tun: Erbschaften und Schenkungen sind einer Studie zufolge der Hauptgrund für großen Reichtum.

*Besonders wohlhabende Deutsche haben ihren Reichtum nur selten selbst verdient. Zu diesem Ergebnis kommt eine Studie des Deutschen Instituts für Wirtschaftsforschung (DIW) zusammen mit der Universität Potsdam. Der Erhebung zufolge spielen für hohe Vermögen insbesondere Schenkungen und Erbschaften eine große Rolle. Laut DIW kamen etwa drei Viertel der Hochvermögenden in Deutschland im Alter über 40 Jahren bereits in den Genuss einer Schenkung **oder** Erbschaft, 18 Prozent sogar zweier oder mehr. In der Bevölkerung insgesamt hätten lediglich knapp über ein Drittel der über 40-Jährigen einen solchen Transfer erhalten, schreiben die Forscher.*

"Hochvermögende haben in der Regel mehrfach und dabei überdurchschnittlich hohe Beträge geerbt oder Vermögen geschenkt bekommen", sagte DIW-Experte Markus M. Grabka. Befragt nach den Gründen für ihren Reichtum gaben in der Erhebung insgesamt zwei Drittel dementsprechend Erbschaften und Schenkungen an, gefolgt von Selbstständigkeit und Unternehmertum. Ein Fünftel der reichen Frauen nannte eine Heirat als Hauptgrund für die erreichte Vermögensposition. "In Deutschland ist Vermögensungleichheit besonders hoch"

Als hochvermögend gelten in der Studie Haushalte, die mindestens eine Million Euro frei verfügbar haben. Neben Geldvermögen halten Hochvermögende überdurchschnittlich häufig auch Betriebsvermögen.

Die Ergebnisse der Studie könnten die politische Diskussion über die Ungleichheit in der Gesellschaft befeuern. "Ein Überdenken der gegenwärtig milden Erbschafts- und Schenkungssteuer halte ich persönlich für sinnvoll", sagte Grabka. "In Deutschland ist die Vermögensungleichheit besonders hoch, und die Erbschaftssteuer kann da als Korrekturinstrument dienen." Die jüngste Reform gewährleiste dies aber nicht und packe grundlegende Probleme nicht an.

Erst vor Kurzem war die jahrelang umstrittene Besteuerung von Erbschaften korrigiert worden. Im Kern geht es dabei um die Neufassung der Steuerprivilegien für Betriebserben. Diese müssen auch künftig keine Erbschaftsteuer zahlen, wenn sie den Betrieb und die Arbeitsplätze erhalten. Die Hürden dafür werden aber höher gelegt, weil das Verfassungsgericht eine Überprivilegierung bemängelt hatte.Die nicht repräsentative Erhebung des DIW wurde im Rahmen des fünften Armuts- und Reichtumsberichts der Bundesregierung im Auftrag des Arbeitsministeriums durchgeführt. Sie kam zum Ergebnis, dass Hochvermögende typischerweise männlich, im höheren Lebensalter und überdurchschnittlich gut gebildet sind. Die untersuchten Hochvermögenden seien zudem tendenziell zufriedener mit ihrem Leben als die Gesamtbevölkerung, so das DIW. Die Vergleichswerte stammen aus dem Sozio-ökonomischen Panel (SOEP), für das seit 1984 jedes Jahr etwa 30.000 Menschen in rund 15.000 Haushalten befragt werden.

19. Oktober 2016, 16:07 Uhr Quelle: ZEIT ONLINE,

Somit schließe ich dieses Kapitel endgültig mit den Worten: *Viel Glück und mannigfache glückliche Zufälle.*

Der Sinn des Lebens
oder
suchet, so werdet ihr vielleicht etwas finden

Kapitel 4 Vers 51 Apokryphen Esra

" *Ich flehte und sprach: Glaubst du, das ich leben werde bis zu jenen*
Tagen? Was wird in jenen Tagen geschehen? Er antwortete mir und
sprach: Die Zeichen, nach denen du fragst, kann ich dir zum Teil sagen;
über dein Leben dir etwas zu sagen, bin ich nicht gesandt und weiß es
selbst nicht. *Die Zeichen aber sind: siehe, Tage kommen, da werden*
die Erdenbewohner von gewaltigen Schrecken erfasst..."

Als der biblische Prophet Esra diesen Dialog mit dem Erzengel Uriel, *dem Licht Gottes,* führte, hatte er bestimmt nicht so richtig die Dimension dieser himmlischen Mitteilung verstanden, dass ein göttlicher Gesandter ihm nicht die Frage nach seinem Lebenssinn beantworten konnte.

Um so mehr wohl die alten Kirchenväter, die Esras Aussage flugs in die apokryptischen Bücher verbannte, jenen Bücher, die der Theologie etwas zu gefährlich werden könnten. Zwar gibt es eine Auflage des Esra auch in der von Luther übersetzten Bibel, aber mit weniger inhaltlicher Brisanz.

Dem armen Uriel drohte ein ähnliches Schicksal. Mal zählt er zu den Erzengeln, dann wiederum nicht. Wie es den Theologen gerade in den Glaubens-Kram passt. Typisch Theologie, wie noch mit Staunen zu lesen sein wird. Doch dazu später.

Wie aber soll ich kleiner irdischer Tor Ihnen diese Frage beantworten, wenn selbst göttliche Vertreter es nicht können?

Der Sinn des Lebens?!

Sehen Sie in ihrem Leben einen Sinn?

Gewiss werden Sie sagen, was soll diese dümmliche Frage, natürlich hat mein Leben einen Sinn, weil… Und an dieser Stelle geht es schon los. Es würde eine Fülle an Antworten geben, so viele Antworten, dass ich sie hier gar nicht alle aufzählen könnte, sondern nur einige wenige.

Weil ich meine Frau und Kinder liebe, weil ich das Leben an sich liebe, weil ich so ein netter Mensch bin, weil, weil weil…

Jedoch beschreibt dies alles keinen faßbaren Sinn, sondern allenfalls eine extrem subjektive Perspektive, ein etwas schräger Seitenblick auf ihr bisheriges Leben, dass bis zu diesem Zeitpunkt nur von ihrer Denkart geprägt ist.

Anders ausgedrückt: Sie denken nur das ihr Leben einen Sinn hat, weil…

Es ist schlichtweg nur eine Begründung warum Sie einen Sinn sehen. Denn ein faktischer Sinn würde ihr gesamtes Leben bestimmen. Dies macht er aber nicht, *weil* sich im Laufe ihrer Biografie teilweise maßgebliche Zäsuren ereignen werden, die diesen Sinn letztendlich ad absurdum führen ließen.

Die Frage nach dem Sinn des Lebens kann weder ich noch jemand anderes beantworten. Deshalb kann ich nur lapidar äußern: Sie geben sich selbst einen Sinn.

Sie werden dies jetzt als allzu simplifizierend gleichwohl als infantil bezeichnen. Richtig. Genau das ist es auch. Plump und einfach.

Die Philosophie bzw. Ihre Vertreter werden Ihnen nur die eigenen, höchst persönlich gefärbten Erkenntnisse hierzu mitteilen.

Die Neurowissenschaften werden auch keine befriedigenden Antworten liefern können.

Denn ein Sinn ist bisher in anatomischer Form noch nicht nachgewiesen worden und auch laborchemische Untersuchungen kommen mit ihrem Latein nicht weiter.

Der Naturwissenschaftler wird Sie diskret auf die Evolution und die Naturgesetze hinweisen.

Allein die Theologie weiß eine Antwort.

Ich spreche hier von der Theologie, jener Lehre und Forschung, die die Glaubensoffenbarungen eines Gottes analysiert bzw. von vorneherein als wahr angenommen wird (*schon bedenklich!*) und sich doch mehr auf scheinbar historische Aspekte bezieht. Jener Wissenschaft, die durchaus Äpfel für Birnen verkaufen könnte und das mit pathetischer Miene.

Jener Wissenschaft die einen hingerichteten Wanderprediger zum Gegenstand ihrer Lehre und Forschung erhoben hat und **höchstens mit an Sicherheit grenzender Wahrscheinlichkeit** die Aussage tätigen kann, dass dieser Mann überhaupt gelebt hat oder ob es sich praktisch um eine schöne illusionäre Verkennung der Vergangenheit handelt und gehandelt hat.

Denn bewiesen ist gar nichts. Dem ist so, wie noch zu lesen sein wird. Wie in den meisten Wissenschaften, die sich mit dem Menschen, seinem Ursprung und Werdegang befassen, ist rein gar nichts auch nur annähernd erwiesen; pure

Spekulation, Hypothesen und, Pardon, Verdummung, ob absichtlich oder unbeabsichtigt.

Das ist die Frage!

So mag denn jeder seine eigene Meinung zu den hier dargestellten Themen haben; so sie denn aber in eklatant-diametraler Art und Weise zum gesunden Menschenverstand steht, sollte dann aber doch schon einmal eine Überprüfung, in welche Richtung auch immer, stattfinden. Mit Verlaub!!

Die Theologie nun kann sich historisch auf Mitstreiter aus dem 2. Jahrhundert nach Christus berufen, die erstmals die eigentliche christliche Theologie im Gegensatz zur Vielgötterei des heidnischen Brauchtums abgrenzten.

Diese sogenannten *Apologeten* bezogen sich aber zunächst nur auf das rein göttliche Tun und Wirken, nicht auf die rein christliche Lehre.

Der französische Philosoph und Theologe Peter Abaelard (1079-1142), ein sog. Frühscholastiker (frei übersetzt mit Schulwissenschaftler), der ein hervorragender Dialektiker gewesen sein soll, und sein Amtskollege der Kirchenlehrer und Franziskaner Johannes Fidanza (1221-1274) ein sog. Hochscholastiker, der auch als Bonaventura bekannt ist, erklärten dann die Theologie zum „ *Gebiet des heiligen Wissens*" mit ihrer Bedeutung für die allgemeine christliche Lehre. Also in etwa die Geburtsstunde der Theologie!

Sozusagen den letzten Feinschliff und das Fundament wurden dann von dem katholischen Kirchenlehrer und Dominikaner Thomas von Aquin(o), (1225-1274), dazu getan. Allerdings betonte schon damals Aquin mit erhobenem Zeigefinger, das die Theologie allenfalls eine *theoretische und spekulative* Wissenschaft sei. Jedoch wurde dieser Hinweis und gutgemeinte Ratschlag wohl dann recht schnell vergessen; wie anders ist es dann zu erklären, dass diese angebliche Wissenschaft heute ein so unbekümmertes universitäres Leben führen kann, ohne auch nur den Ansatz von Schamesröte zu zeigen ?

Von den Kollegen der anderen wissenschaftlichen Fakultäten hinter vorgehaltener Hand milde belächelt (wobei diese allerdings auch nichts zu lachen hätten!) erfreut sich die Theologie samt ihrer Institutionen großer gesellschaftlicher Anerkennung und Wertschätzung.

Als *Wissen schaffendes System,* so eine einfache und gängige Definition über Wissenschaft, mag die (christliche) Gotteslehre und die damit verbundenen Offenbarungen ihren Stellenwert im akademischen Possenspiel dank ihres kulturellen Einflusses noch ihre Daseinsberechtigung behalten und weiterhin treue Gottesprediger heranzüchten und ihre Lehre von einem (hypothetischen) Gott dem gläubigen Volke vermitteln; das aber horrende wissenschaftstheoretische Makel vorhanden sind, interessiert die theologisch-akademische Gesellschaft wenig. Nach dem Motto *Was kümmert es den Mond, wenn die Hunde ihn anbellen* wird weiter doziert und somit spekuliert, was die Bibel aushält und ihr Hauptakteur, der zu einem Menschen gewordene Gott Jesus (oder war es umgekehrt?) hergibt. Da stört es wenig, dass ein Gott einfach vorausgesetzt und kirchenamtlich akkreditiert wird und schon gar nicht stört es, dass dieser Gott (wissenschaftstheoretisch) überhaupt nicht nachzuweisen wäre. Punkt.

So einfach kann Wissenschaft sein. Andere Wissenschaften verhalten sich hier allerdings auch wie der sprichwörtliche Elefant im Porzellanladen. Doch erst einmal ein Abstrakt über den Sinn des Lebens, damit Sie wenigstens teilweise lesen können, dass ich mir nicht alles aus den Fingern gesogen habe.

Was ist der Sinn des Lebens?
Stand: 25. März 2021, 13:01 Uhr
Wir werden ungefragt in diese Welt hineingeboren
und sollen unser Leben gestalten. Aber wie
eigentlich und vor allem warum? Wieso sind wir
hier? Diese Frage stellen sich die Menschen seit
jeher. Gibt es darauf überhaupt eine Antwort? MDR
WISSEN Reporter Karsten Möbius versucht sie zu
finden.

Große Fragen in zehn Minuten Was ist der Sinn des
Lebens?
Wie um alles in der Welt kommen wir bitteschön auf
die verrückte Idee, dass das Leben – und speziell
das menschliche Leben – einen vorgegebenen Sinn,
einen Zweck haben könnte? Dass es einem großen
Plan, so einer Art Idee folgen könnte und dass wir
diese Idee, diesen Sinn bis heute nicht herausfinden
konnten. Blöd sind wir ja nicht, sagt Philosoph Prof.
Johannes Hübner:
Also die Vorstellung von einem verborgenen Sinn,
der irgendwie da ist, den wir aber nicht erschließen
können, diese Vorstellung finde ich recht dubios.
Prof. Johannes Hübner, Philosoph
Egal. Nehmen wir an, es gäbe ihn, DEN Sinn des
Lebens. Auf die Welt gekommen bspw. durch einen
Schöpfer – anders wäre so eine Idee, so ein Zweck

149

ohnehin kaum erklärbar – nehmen wir also an, es gäbe DEN Sinn des Lebens. Wir würden ihn niemals herausfinden, sagt Biochemiker und Evolutionsbiologe Prof. Andreas Beyer. Denn die Frage nach dem Sinn des Lebens, wäre immer auch die Frage nach dem großen Warum. Wir müssten immer weiter fragen, nach der Antwort auf die Frage, warum es uns gibt, lauert die Frage, warum es unseren Planeten gibt usw.....Prof. Beyer hebt die Arme und sagt: "Da sind wir raus."

> *Denn dann müssten wir irgendwie beantworten können, warum das Weltall so ist, wie es ist. Und eine grundsätzliche Antwort darauf, warum die Welt so beschaffen ist, dass sie offensichtlich für das Leben günstig ist, diese Antwort kann man nicht geben. Jedenfalls nicht naturwissenschaftlich.*

Prof. Andreas Beyer, Biochemiker und Evolutionsbiologe

Wieso kommen wir also auf die Idee, dass es einen Sinn des Lebens geben könnte und scheitern immer wieder daran, herauszufinden, worin er besteht? Philosoph Prof. Gert Scobel hat dafür eine Erklärung. Er sagt: Wir wünschen uns so sehr, dass es diesen Sinn gibt, wir wünschen uns so sehr, dass unsere kurze Existenz auf diesem Planeten Teil eines großen Plans, einer großen Idee ist.

> *Wir wissen, dass wir sterben, wir wissen,*
> *das nichts von Bestand und Dauer ist.*
> *Dass wir es einfach hassen, mit unserer*
> *eigenen Fehlbarkeit und Endlichkeit der*
> *Erkenntnis umzugehen und wir wollen,*
> *dass das ein Ende hat. Und das andere*
> *ist, dass wir etwas suchen, was uns in*
> *den Irrnissen und Wirrnissen des*
> *Lebens, durch die Widerstände, denen*
> *wir begegnen, hindurchträgt. Also*
> *etwas, wie Luther sagen würde, was*
> *sich in Leben und Sterben bewährt. Das*
> *hätten wir bitte auch gerne.*

Prof. Gert Scobel, Philosoph
Das eine ist also der Wunsch nach einer beständigen
und ewigen Wahrheit. Nach so einer Art
allgemeingültiger Betriebsanleitung für das Leben.
Dass wir am Ende sagen können: "So, alles erfüllt.
Gut gemacht, mehr ging nicht." Das andere ist, wir
können nicht anders als nach einem Sinn suchen,
wir sind so. Wir sind so gemacht. Unsere
Entscheidungen, gemeinsam etwas zu tun, Dinge zu
teilen, Entbehrungen auf uns zu nehmen, das alles
setzt einen Sinn voraus. Ohne diese Kategorie
"Sinn" können wir nicht handeln, sagt Biochemiker
Prof. Andreas Beyer:

*Und dazu gehört eben auch, ständig
nach Begründungen zu fragen. Wir sind
die einzigen Lebewesen auf diesem
Planeten, die faktisch nichts tun, ohne
einen Grund dafür angeben zu können.*

Prof. Andreas Beyer

*Die Lieblingsfrage unseres Gehirns ist die Warum-
Frage. Darum dreht sich im Grunde alles: Warum,
warum, warum? Unser Hirn ist streng genommen
eine Sinn-Suchmaschine. Aus den Eindrücken des
Lebens versucht es in sekundenschnelle Muster,
Systeme, Strukturen – also eine Idee hinter allem zu
suchen und zu finden. Gert Scobel mit so einer Art
Arbeitsplatzbeschreibung unseres Gehirns:*

*Es gibt schöne Experimente, die zeigen,
was passiert, wenn man Menschen vor
sogenanntes weißes Rauschen setzt, also
einfach das Auftauchen von weißen
Punkten auf der Leinwand. Das ist ein
völlig zufälliger Prozeß und trotzdem
entdecken Menschen, oder glauben
besser gesagt, in diesem völlig zufälligen
Rauschen, ein Wort zu erkennen, ein
Bild zu erkennen, ein Gesicht zu
erkennen, was auch immer.*

Prof. Gert Scobel

Und da das Leben so zufällig ist wie das weiße Rauschen, gibt es zwar kein erkennbares Muster, aber trotzdem findet – oder besser erfindet – unser Hirn eins. Und zwar jedes Hirn sein eigenes Muster. Jeder Mensch trägt also seine eigene Idee vom Sinn des Lebens mit sich herum.

Das klingt alles sehr logisch, nachvollziehbar. ABER das ist nicht das, was wir wollen. Wir wollen den großen Plan erkennen, nicht irgendetwas erfinden. Einen Ausweg aus dem Dilemma bietet der Glaube. Das heißt, ich kenne DEN Sinn des Lebens zwar nicht, ich weiß nicht, was der Zweck meiner Existenz ist, aber ich vertraue darauf, dass es trotzdem einen gibt, sagt der Theologe Prof. Friedemann Stengel:

> *Ich vertraue an dieser Stelle darauf, dass der Zweck meines Lebens in einer ganz sicheren Hand aufgehoben ist. An einem Ort, der sich mir verbirgt, aber an den ich glaube. Ich weiß, dass die Antwort nach dem Zweck meines Lebens nicht von mir selber beantwortet werden muss. Ich bin davon entbunden. Ich bin frei davon, von dieser Frage. Das ist bei Gott aufgehoben.*

> *Prof. Friedemann Stengel, Theologe*

Bei der Suche nach dem Sinn des Lebens steht die Welt uns also offen. Das ist großartig und fatal zugleich. Wir können alles zum Sinn unseres Lebens erklären oder uns auf die Suche machen und uns darin verlieren. Und immer stellen wir uns die Frage: Was tun wir hier eigentlich? Ist es das wert? Was ist danach, wenn das vorbei ist? Leben wir immer nur von da nach da? Sind die Urlaube immer unser Lebensziel?

Was wäre das schön, wenn wir ihn hätten, DEN Sinn des Lebens, das Geländer, an dem wir uns festhalten und entlanghangeln könnten, ohne uns vor der Bilanz unseres Lebens fürchten zu müssen. Sollten wir nun besonders bedeutende Dinge tun? Höhere Maßstäbe an unser Leben setzen, die weit über unsere eigenen Egoismen hinausgehen? Sollten wir, wenn wir den Sinn unseres Lebens definieren, nur uns selbst wichtig nehmen? Egal, welchen Sinn wir unserem Leben geben – sagt Philosoph Prof. Johannes Hübner –, alles hat seine Berechtigung:

> *Kinder groß zu ziehen, wäre eine Möglichkeit. Aber auch einen Haufen Geld anzuhäufen, wäre eine andere Möglichkeit. Man kann sein Leben für den Kampf gegen soziale Ungerechtigkeit einsetzen. Man kann sein Leben aber auch daran setzen, ein Leben als Fußballfan zu führen oder man kann sein Leben durch Hingabe an*

andere Personen führen. Allgemein wird
das so sein, dass man dem eigenen
Leben dadurch Sinn gibt, dass man
etwas tut, was man für sich für wichtig
hält, was einem am Herzen liegt.

Prof. Johannes Hübner

Wenn es um den Sinn des Lebens geht, spielen Herz
und Bauch eine wichtige Rolle. Sinngebung *ist auch*
etwas, das uns glücklich und zufrieden macht.
Seinen Platz in der Welt zu finden, ist eine
hochemotionale Angelegenheit, sagt Philosoph
Scobel – jenseits irgendwelcher Theorien:

Es geht ja auch darum, sich zuhause zu
fühlen, angekommen zu sein. Also da
schwingen ja auch ganz viele emotionale
Aspekte mit. Einer der Gründe, warum
wir nach Sinn suchen, ist auch, weil wir
in unserem Leben anderen etwas
schuldig bleiben oder schuldig werden
und nach etwas wie Vergebung suchen.
Auch das spielt eine Rolle bei der
Sinnfrage.

Prof. Gert Scobel

Schuld und Vergebung, Gerechtigkeit, Liebe und
Moral – auch das sind Begriffe, die untrennbar mit
dem Sinn des Lebens zu tun haben. Sie sind
entscheidende Motive, Dinge zu tun oder zu lassen,

sie sind Richtlinien, wie Menschen miteinander umgehen, wie sie sich behandeln. Biochemiker Beyer bezeichnet diese Fragen als unverzichtbaren Kitt, der unsere sozialen Gemeinschaften zusammenhält.

> Offensichtlich gibt es auf dieser Welt keine Gesellschaft, die ohne Moral auskommt. Selbst Verbrecherorganisationen haben eine Moral, und was für eine, und wehe man verstößt dagegen. Es gibt also kein menschliches Miteinander ohne Warum, ohne Sinnkriterien, ohne Moral. Schon allein aus dem Grund ist Ethik, ist Weltsicht etwas real Existentes. Und die Tatsache, dass es 'nur' in unseren Köpfen existiert, macht die Sache dadurch nicht schwächer.

Prof. Andreas Beyer

Hat man für sich einen Sinn des Lebens gefunden, will man sich in die Gemeinschaft einbringen, oder alles zerstören, oder sich aus allem raushalten, ist das noch lange nicht das Ende der Sinnsuche. Auch das ist eine Erfahrung. Man ist selten ein Leben lang ein Revoluzzer, ein Karrierist oder ein freiwilliger Sozialarbeiter, auch die Fürsorge um die Kinder findet irgendwann ein Ende oder wenn es *irgendwann in der Südkurve zu kalt wird, stößt auch die Sinnsuche als Fußballfan an ihre Grenzen, weiß Theologe Prof. Friedmann Stengel:*

> *Wir sind ein Leben lang auf der Suche, was unsere Identität betrifft. Wir sind in einem ununterbrochenen Prozess der Identifizierung, wir beziehen auch nur Positionen, die vorläufig sind und das hängt damit zusammen, wie wir uns gegenüber unserer Umwelt verhalten, gegenüber unseren Prägungen, unseren Erwartungen und natürlich auch gegenüber der Frage, was der Zweck unseres Daseins ist. Das halte ich für eine extrem entscheidende Frage, weil sie unser Handeln ständig bestimmt.*

Prof. Friedmann Stengel

Die Suche nach dem Sinn des Lebens ist also niemals zuende. Solange wir atmen, werden wir zweifeln, ob unser Leben sinnvoll war oder nicht. Der eine mehr, der andere weniger. Tröstend ist, dass es allen so geht und dass es DEN großen Sinn des Lebens nicht gibt, und auch niemals geben wird. Denn wenn wir die sind, die den Sinn in die Welt bringen, dann liefert die Sinnfabrik, solange es Menschen gibt, immer neue Exemplare – sagt Philosoph Gert Scobel:

Allein schon deshalb ist nicht eine
einzige Antwort möglich, weil ständig
neue Menschen geboren werden und mit
jedem neuen Menschen kommt eine neue
Perspektive auf die Welt, die einmalig
ist. Und diese einmalig neue Perspektive
könnte ja – rein theoretisch – die
Antwort auf den Sinn des Lebens und
aller Fragen bieten.

https://www.mdr.de/wissen/der-sinn-des-lebens-100.html
Aufruf 01/2023

Wie Sie es auch lesen und interpretieren, definieren und analysieren, deduzieren oder induzieren, was und wie auch immer, eigentlich ist gar nichts *erwiesen*. Soll ja nun auch nicht *unbedingt*, wie zu lesen war, das *Hauptargument* wissenschaftlichen Forschens und Arbeitens sein. Kein Wunder ist es dann aber auch wenn schon nicht Gott bewiesen werden kann, dann aber wenigstens die Ursachen von Schweißfüßen? Aber hier müssen die Kollegen der medizinischen Fakultät auch einen Offenbarungseid ablegen. Fehlanzeige: Man (Medizin) weiß keine Ursachen für Schweißfüße. Jedenfalls nicht so ganz genau. Dieses oder Jenes, Hormonelles oder Konstitutionelles; eben halt vielschichtig, das Ganze.

In allen wissenschaftlichen Theorien stoßen wir auf die unvermeidliche Begrenzung unseres Wissens, die sich durch eine notwendigerweise begriffliche Fixierung des Tatsachenmaterials ergibt. Wir können Wissen anhäufen so viel wir wollen, ohne uns dabei sinnvollen Zielen und Zwecken zu nähern. Unsere rationalen Kenntnisse vermehren sich zwar, jedoch die Erkenntnis vertieft sich nicht.

Laurent Verycken-Formen der Wirklichkeit-Penzberg 1994

Nun aber zum eigentlichen Grund dieser Darstellung der *theologischen Wissenschaft.* Es geht um ihren eigentlichen Hauptakteur, den Nazarener Jesus Christus, den Stifter des Christentums. Hat er nun gelebt oder nicht? Was für eine einfache Frage mit doch unermesslicher Tragweite und Tragik, so sie denn beantwortet werden kann. Aber auch hier schon einmal der Hinweis, dass so recht nichts zusammen passt im Puzzlespiel der theologischen Detailarbeit. Allen Unkenrufen zum Trotz.
Wenn es schon keinen Gott gibt, äh, sein Dasein, seine Existenz nicht bewiesen werden kann dann muß doch wenigstens, Wissenschaftstheorie hin oder her, einer seiner führenden Protagonisten und Fürsprecher, sein treuester Diener, sein persönlicher Offenbarungsassistent, schließlich und endlich sein Sohn und letztendlich der Höchste selbst ja dann doch gelebt haben?! Ja, aber was denn nun?

Also bei diesem Durcheinander kann einem aber rasch der Überblick abhanden kommen.

So muß es dann wohl auch den Propheten, Apologeten und den Evangelisten gegangen sein, als sie anfingen, größtenteils mehr als ein halbes Jahrhundert nach dem vermeintlichen Kreuzigungstod des Gesalbten, sein Wirken und Handeln etwas zu ordnen und der gläubigen Nachwelt dann auch in verbindlicher schriftlicher Form zu hinterlassen. Denn diese ständige Mund zu Mund Nachrichtentechnik wäre ja kein dauerhafter Zustand gewesen und dem Geschreibsel der wenigen nichtchristlichen, meist römischen Autoren, konnte man auch kein allzu großes Vertrauen entgegenbringen. Denn worauf sich die Erkenntnis der systematischen Theologie mit ihrem Forschungsableger der Christologie, der „*Christuskunde*" stützt und als faktische Beweise für eine Existenz Jesu heranzieht, sind die vagen und oft in Kopie vorliegenden Äußerungen von vier Quellen, die bei genauerem Hinsehen eben nicht das halten, was sie versprechen. Wie der Leser unschwer erkennen kann, haben wir es mit der Theologie mit einem Paradebeispiel der kulturellen Verdummung zu tun. Dies ist weder abwertend noch zynisch gemeint. Nachfolgend nun eine Erläuterung zur wahrhaften Existenz des Jesus von Nazaret, um auch die krampfhafte Beweisführung der Protagonisten darzustellen.

Frage & Antwort, Nr. 461 Hat Jesus tatsächlich existiert?
Von Fabian Maysenhölder

Wir feiern jedes Jahr Weihnachten - und damit die Geburt eines Mannes namens Jesus, der vor rund 2000 Jahren gelebt haben soll. In letzter Zeit begegnet mir immer wieder die Ansicht, Jesus habe als historische Person nie existiert. Baut das Christentum auf einer Erfindung auf? (fragt Herbert K. aus Köln)

Kurz vor Weihnachten stellt sich die ganz große Frage: Hat Jesus von Nazareth, der Mann, der von Christen seit knapp 2000 Jahren als "Sohn Gottes" verehrt wird, tatsächlich existiert? Auf den ersten Blick mutet es angesichts der Wirkungsgeschichte als absurde Frage an. Aber: Es erscheinen tatsächlich immer wieder Texte und gelegentlich Bücher, die genau dies behaupten: Jesus hat es nie gegeben. Nicht zuletzt begeben sich einige Vertreter des sogenannten "Neuen Atheismus" in das Fahrwasser dieser Tradition, die seit der Aufklärung immer wieder die Existenz eines historischen Jesus infrage stellt. Man bezeichnet diese Tradition als Jesus-Mythos oder Nichthistorizitäts-Hypothese. Um die Antwort auf die Frage überschaubar zu halten, soll es nicht darum gehen, ob Jesus so, wie er uns in der Bibel dargestellt wird, existiert hat. Inwieweit bestimmte Zuschreibungen zutreffen, soll außen vor bleiben. Die gestellte Frage geht nämlich noch einen Schritt weiter: Gab es überhaupt eine historische Person, auf der die Erzählungen gründen? Josephus, Tacitus, Plinius

Lässt man die biblischen Quellen außer Acht, so gibt es dennoch einige Überlieferungen, die eine historische Person Jesus erwähnen: allen voran Flavius Josephus, ein jüdischer Geschichtsschreiber aus dem 1. Jahrhundert. Er erwähnt

Jesus an zwei Stellen. Eine der beiden ist umstritten und könnte möglicherweise im Laufe der Überlieferung verfälscht worden sein, enthält aber aller Wahrscheinlichkeit nach einen historischen Kern. Die zweite schätzen Historiker fast einstimmig als echt ein. Darin heißt es: "Er [der Hohepriester, Anm.d.Red.] versammelte daher den Hohen Rat zum Gericht und stellte vor diesen den Bruder des Jesus, der Christus genannt wird, mit Namen Jakobus, sowie noch einige andere, die er der Gesetzesübertretung anklagte und zur Steinigung führen ließ." Josephus ist deshalb als Quelle so bedeutend, weil er selbst dem pharisäischen Judentum angehörte und kein Interesse daran hatte, Christen in die Karten zu spielen.

Auch bei römischen Schriftstellern wie Plinius dem Jüngeren und Tacitus finden sich Notizen über Jesus, die unter anderem seinen gewaltsamen Tod erwähnen. Tacitus zum Beispiel ist sich sicher: "Christus" ist ein Jude, der unter Pontius Pilatus hingerichtet wurde. Und: Er ist der Begründer einer Bewegung, die sich "Christen" nennen und zur Zeit Neros in Rom bekannt waren.

Die außerbiblischen Quellen haben aber vor allem zwei wichtige Funktionen: Zum einen belegen sie, dass selbst härteste Gegner des Christentums nicht auf die Idee kamen, die Existenz Jesu anzuzweifeln. Zum anderen lassen sie sich in dem wenigen, das sie überliefern, gut mit dem vereinbaren, was auch in biblischen Texten erzählt wird: Jesus wurde gekreuzigt und hatte einen Bruder namens Jakobus.

Evangelien - durchweg unglaubwürdig?

Und damit muss noch eine andere Frage gestellt werden: Warum sollten die biblischen Evangelien und etwa die Berichte des Paulus als historische Zeugnisse überhaupt außen vor bleiben? Freilich finden sich darin zahlreiche Zuschreibungen auf Jesus, die kritisch auf ihre Intention hin überprüft und hinterfragt werden müssen. Biblische Texte aber nur aufgrund der Tatsache, dass sie von Anhängern Jesu geschrieben worden sind, als komplett und durchweg unglaubwürdig zu verwerfen, ist aus quellenkritischer Sicht schlicht absurd. Viele Geschichtswissenschaftler nehmen Abschnitte der Evangelien und biblischer Texte heute als historisch zuverlässig ernst.

So spricht zum Beispiel der häufig vorgebrachte Einwurf, die Evangelien würden sich in ihrer Beschreibung des Lebens Jesu widersprechen, eher für eine Authentizität als für eine Erfindung. Die Widersprüche weisen auf verschiedene Überlieferungen mit Blick auf den historischen Jesus hin. Handelte es sich einfach nur um eine Erfindung, wäre hier deutlich mehr homogenisiert worden.

Ockhams Rasiermesser

Mehr zum Thema

Um davon überzeugt zu sein, dass Jesus eine historische Person war, muss man kein Christ sein. Selbst eifernde Atheisten wie Richard Dawkins bezweifeln nicht ernsthaft die Existenz des Menschen Jesus von Nazareth. Schlicht, weil aus historisch-kritischer wissenschaftlicher Perspektive alles dafür spricht, dass es ihn gegeben hat.

Letztlich müssen sich Vertreter eines Jesus-Mythos auch "Ockhams Rasiermesser" stellen. Dahinter verbirgt sich das von Wilhelm von Ockham formulierte wissenschaftstheoretische Sparsamkeitsprinzip. Es besagt, dass von mehreren möglichen Erklärungen für einen Sachverhalt die einfachste allen anderen vorzuziehen ist. Und Fakt ist: Wer behauptet, dass ein historischer Jesus nicht existiert hat, geht mit vielen Grundannahmen an die Interpretation der Quellen heran. Viel einfacher - und deshalb auch nicht ernsthaft anzuzweifeln - ist die Erklärung: Jesus hat existiert.

Quelle: n-tv. http://www.n-tv.de/wissen/frageantwort/Hat-Jesus-tatsaechlich-existiert-article19165101.html Aufruf 01/2023

Was für ein flammendes Plädoyer für die Existenz des Gottessohnes oder für Gott selbst?
Und wie die Faust auf das Auge , passt dann auch die zur Hilfenahme eines Philosophen, Theologen und streng gläubigen Vertreters der Scholastik; Wilhelm von Ockham. Wie heißt es noch so treffend volkstümlich: *Eine Krähe hackt der anderen kein Auge aus...*
Bei dieser (wissenschaftlichen) Frechheit bleibt mir als interessierter Laie doch glatt die Spucke weg.
Aber dieses Gebaren ist ein ubiquitäres wissenschaftliches Phänomen.
Der sog. Spätscholastiker Wilhelm von Ockham, gestorben 1347 in München, formulierte seine Rasiermessermethode (diese Umschreibung stammt nicht von ihm!) wie nachstehend:

Von mehreren möglichen Erklärungen für ein und denselben Sachverhalt ist die einfachste Theorie allen anderen vorzuziehen.

Eine Theorie ist einfach, wenn sie möglichst wenige Variablen und Hypothesen enthält und wenn diese in klaren logischen Beziehungen zueinander stehen, aus denen der zu erklärende Sachverhalt logisch folgt.

Demnach wäre dann aber die einfachste Theorie mit wenigen Variablen und Hypothesen auskommend, sich nicht auf unklare und nebulöse Quellen zu verlassen; denn die gemachten Quellenangaben, die ich gleich noch anführen werde, besitzen alles andere, aber eben keine logischen Relationen zueinander. Danach müßte dann ja rein wissenschaftstheoretisch die Konklusion zulässig sein, Jesus hat *nicht* existiert. Oder liege ich da jetzt falsch? Nö, finde ich nicht!!
Nachfolgend die bereits erwähnten Quellen die, so man denn guten Willens sein möchte, alles oder auch nichts aussagen.
Wobei ich persönlich mehr zu *nichts aussagen* tendiere bzw. es für realistischer halte. Wie auch in dem genannten Artikel festzustellen ist, wird mit unverhohlener Arroganz und (fälschlicher) Gelehrsamkeit etwas versucht zu erklären, dass jeglicher Grundlage entbehrt.

Der römisch-jüdische Geschichtsschreiber Flavius Josephus (gestorben etwa 100 n. Chr.) verfasste u.a. das Werk *Bellum Judaicum, Die Geschichte der jüdischen Kriege.* **Hier allerdings wird der Name Jesus überhaupt nicht erwähnt.**

Das Werk *Testimonium Flavianum, enthalten in Jüdische Archäologie und Altertümer,* allgemein von der Theologie herangezogen als Beweis ist geradezu lächerlich!

Die erste Erwähnung wird allgemein als umstritten angesehen, da die **Echtheit** nicht nachgewiesen werden kann und man **vermutet**, das diese Äußerungen unter christlichem Einfluss entstanden sind, sprich andere Autoren mit christlich-theophiler Neigung haben hier wohl ihren sakrosankten Senf hinzugegeben.

Eine zweite Erwähnung wird *meist* als Original betrachtet, wobei diese Textpassage sich als Zitat in der *Kirchengeschichte* des Eusebius von Caesarea aus dem 4 Jhrdt,n.Chr. wiederfindet.

Also das nenne ich fundierte wissenschafts-theoretische Studien, das vermutet wird, was die theologischen Gehirne so von sich geben.

Doch weiter geht`s in den kirchengeschichtlichen „*Studien*".

Der römische Schriftsteller *Cornelius Tacitus* (ca. 55 n.Chr.-120 n.Chr.) wurde bekannt durch seine Schrift *De origine, situ, moribus ac populis*

Germaniae, die er etwa 98 n.Chr. verfasste und eine der ältesten schriftlichen Quellen über die Germanen darstellt. In seine *Annales, der Geschichte des römischen Reiches,* schreibt er etwas über die Hinrichtung eines Jesus; inwieweit dies aber authentisch und verifizierbar ist, bleibt dahingestellt. Denn der glänzende Redner Tacitus, Historiker, Senator und Konsul, bediente sich gerne und oft vieler anderer Quellen früherer Kollegen; dies für sich genommen ist schon recht dubios; woher aber sein Wissen über das Christentum stammte ist nicht bekannt.

Somit ist auch diese angebliche außerchristliche Quelle nur mit aller gebotenen Vorsicht zu sehen und zu bewerten.

Plinius der Jüngere, (ca. 62-113 n.Chr.) ein in römischen Diensten stehender Beamter, Neffe und Adoptivsohn von Plinius dem Älteren, bringt nun wirklich keine Novität zum Sachverhalt.

Der damalige Statthalter des heutigen türkischen Izmir verließ sich mehr aufs *Hörensagen* und seine *Akten* statt selber Nachforschungen anzustellen. Damit möchte ich den Plinius auch nicht mehr in seiner Ruhe stören!!

Gajus Sueton Tranquillus (70-140 n.CHr.) trägt mit seiner Schriftstellerei allerdings auch nicht dazu bei, die christliche Existenz des Jesus von Nazaret im himmlischen Lichte zu erhellen.

Der römische Verwaltungsbeamte und Schriftsteller
wurde bekannt mit seinen *Acht Büchern über das
Leben der römischen Kaiser (* De vita Caesarum
Libri VIII *).*
Von Caesar über Augustus bis zum tragischen Kaiser
Domitian berichtet er in diesem Werk über das
Leben dieser Männer. In diesen Büchern wird eine
Verordnung des römischen Kaisers Claudius
erwähnt, der mit diesem Erlass die Christen aus
Rom ausweisen wollte.

**Die Juden, welche von einem gewissen Chrestos aufgehetzt,
fortwährend Unruhe stifteten, vertrieb er aus Rom**

Da dem Sueton allerdings Jesus als Person *nicht
bekannt war*, sondern dies mehr oder weniger auf
die Christen in Rom bezog, kann auch dieser
angebliche „*Beweis*" für eine Existenz von Jesu
nicht geltend gemacht werden.
Blieben noch sozusagen als letztes biblisches
Geschütz die vier Evangelisten, Matthäus, Markus,
Lukas und Johannes, übrig.
Doch auch hier fängt das Dilemma schon am Anfang
an. Die Angaben der angeblichen Verfasser gehörten
nicht zum Originaltext der Urevangelien, sondern
wurden später, aus wenig bekannten Gründen, wohl
willkürlich hinzugefügt.

Wer also die Evangelien geschrieben hat, ist nicht bekannt!

Die Quellenlage zu dieser Thematik ist unübersichtlich und ein heilloses Durcheinander von Hypothesen, Theorien, Vermutungen und Annahmen. Rein gar nichts ist erklärt. Ich verweise den Leser hier auf entsprechende Selbstrecherche und Lektüre.

Leider kann ich nichts anderes mitteilen.

Noch ein letztes Wort zu den im Artikel genannten Evangelien. Hier dann zu sagen, das es aus *Quellenkritischer Sicht* absurd sei, die Aussagen des Evangeliums zu bezweifeln, ist schon selber absurd. Wenn überhaupt, wurden die Evangelien ca. 60-80 Jahre nach dem Tod von Jesus niedergeschrieben. Und das die divergierenden Äußerungen in den Evangelien eher als glaubwürdig denn als unwahr gelten aufgrund eben dieser Unterschiede ist einfach nur albern. Ein einmal existierender Mythos, eine Legende oder auch Sage wird natürlich durch *zunächst mündliche* Überlieferung in vielen Teilen seines Urkerns eine Änderung erfahren; selbstverständlich. Und selbstverständlich bleibt über einen Zeitraum von fast 100 Jahren die Quintessenz erhalten. Das ist aber noch kein schlüssiger Beweis für etwas. Also wissenschaftstheoretisch wieder höchst bedenklich.

Was bleibt als Resümee?

Die Faktenlage ist beunruhigend und höchst bedrohlich für die Theologie. Doch das stört sie wenig. Allerdings denke ich das wir es hier mit einem Produkt der allerhöchsten wissenschaftlichen Verblödung[4] zu tun haben, ganz im Sinne der Dudendefinition. Denn wie soll man es sonst bezeichnen, wenn wie dargestellt, Kriterien und Parameter nach eigenem Gutdünken umgemünzt werden, nur um ins akademische Schema zu passen ? Entweder sollen damit die Menschen die es letztendlich betrifft verblödet werden oder es handelt sich wirklich um ein begrenztes geistiges Potential der Urheber.

Doch möchte ich zu guter letzt dem deutschen Philosophen Friedrich Nietzsche (1844-1900) ein Wort zur Thematik erteilen, das eigentlich alles beinhaltet.

---

[4]   Geistig stumpf machen

Wer Theologen-Blut im Leibe hat, steht von vornherein zu
allen Dingen schief und unehrlich. Das Pathos, das sich
daraus entwickelt, heißt sich Glaube: das Auge ein für alle
Mal vor sich schließen, um nicht am Aspekt unheilbarer
Falschheit zu leiden. Man macht bei sich eine Moral, eine
Tugend, eine Heiligkeit aus dieser fehlerhaften Optik zu
allen Dingen, man knüpft das gute Gewissen an das
Falschsehen, – man fordert, daß keine andre Art Optik
mehr Werth haben dürfe, nachdem man die eigne mit den
Namen
»Gott«, »Erlösung«, »Ewigkeit« sakrosankt gemacht hat. Ich
grub den Theologen-Instinkt noch überall aus: er ist die
verbreitetste, die eigentlich unterirdische Form der
Falschheit, die es auf Erden giebt. Was ein Theologe als
wahr empfindet, daß muß falsch sein: man hat daran
beinahe ein Kriterium der Wahrheit. Es ist sein unterster
Selbsterhaltungs-Instinkt, der verbietet, daß die Realität in
irgend einem Punkte zu Ehren oder auch nur zu Worte
käme.
So weit der Theologen-Einfluß reicht, ist das Werth-Urtheil
auf den Kopf gestellt, sind die Begriffe »wahr« und »falsch«
nothwendig umgekehrt: was dem Leben am schädlichsten ist,
das heißt hier »wahr«, was es hebt, steigert, bejaht,
rechtfertigt und triumphiren macht, das heißt »falsch«

(Friedrich Nietzsche-Morgenröte-Der Antichrist)

Als Anhang nachstehend noch zwei Artikel, die die
von mir gemachten Äußerungen zum größten Teil
ergänzen und als Beleg dienen sollen.

171

Pfarrer: „Jesus Christus gab es nicht"
Calvinist hält Jesus für einen „Mythos aus Ägypten" und
löst Debatte aus.

*Den Haag. Bei den vielen Schattierungen des protestantisch-
calvinistischen Glaubens in den Niederlanden ist vieles
möglich. Vor allem wird unter Calvinisten viel und heftig
über ihren Glauben diskutiert. Derzeit sogar über eine
Frage, von der eigentlich fast alles abhängt: Ob es Jesus
wirklich gegeben hat. Und was verkündete da jüngst Pfarrer
Edward van der Kaaij von der Kanzel in der Vredenskerk
(Friedenskirche) im Städtchen Nijkerk nordöstlich von
Utrecht: „Jesus gab es nicht. Er ist ein Mythos."
Der Pfarrer, der Jesus leugnet, ist in aller Munde und löst
heftige Debatten aus. In Nijkerk (40.000 Einwohner) schätzt
man ihn darob sehr, obwohl es auch Kritiker gibt, die mit
seiner „Lehre" nicht einverstanden sind: „Unser Pfarrer
bezweifelt das, woran wir glauben", heißt es. „Er predigt
Unsinn." Und so schlägt ihm ein rauer Wind entgegen: In
anderen reformierten Gemeinden will man ihn nicht mehr
hören, schon gar nicht als Prediger von der Kanzel. „In
vielen Gemeinden ist Herr van der Kaaij nicht mehr
willkommen", stellt Meindert Zuur vom calvinistischen
Kirchenrat der Kruiskerk (Kreuzkirche) fest. „Seine
Auffassungen sind mit unserem Glauben nicht vereinbar."
Der Pfarrer, ein studierter Jurist und Theologe, hat seine
Thesen in einem Buch publiziert. Titel: „Die schwierige
Wahrheit des Christentums". Die Kernthese: Der historische
Jesus, wie man ihn aus der Bibel kennt, hat nie existiert. Die
Figur wurzle in einem uralten Mythos aus Ägypten, in dem
sich alle Elemente des christlichen Glaubens fänden, etwa
die Geburt Jesu durch eine Jungfrau, das Sterben am Kreuz,
die Auferstehung. „Nicht alles, was in der Bibel steht, ist
auch geschehen", meint van der Kaaij ferner. Dennoch*

glaube auch er an ein Leben nach dem Tod.

Symbol für Gedankenfreiheit

Selbst laizistische Kommentatoren in holländischen Medien halten die Jesus-Leugnung durch einen Pfarrer für ein „starkes Stück". Sie sehen aber eine Symbolik der Freiheit des Denkens in den Niederlanden: „Hier darf so ein Pfarrer in seiner Heimatgemeinde weiter predigen. Man stelle sich die Folgen vor, würde ein Imam die Existenz Mohammeds bezweifeln."

"Die Presse", Print-Ausgabe, 19.03.2015)

Pfarrer_Jesus-Christus-gab-es-nicht Aufruf 12/2022
http://diepresse.com/home/panorama/religion/4688671/

Jesus von Nazaret gilt heute auch selbst vielen Atheisten als historisch belegte Person. Hermann Detering, promovierter Theologe und Pfarrer im Ruhestand, hingegen ist nicht dieser Auffassung. In seinem neuen Buch „Falsche Zeugen. Außerchristliche Jesuszeugnisse auf dem Prüfstand" zeigt er, dass auf die als Belege für die Existenz Jesu herangezogenen antiken Quellen kein Verlass ist.

Sehr geehrter Herr Detering, hat Jesus wirklich gelebt? Die
meisten Theologen halten die historische Existenz von Jesus
von Nazaret durch biblische wie außerbiblische Zeugnisse
hinreichend belegt. Sie sind anderer Meinung?
Man sollte sich durch so viel Einmütigkeit nicht einschüchtern
lassen. Für mich galt und gilt immer der Satz Bertrand
Russells, dass dort besondere Vorsicht angebracht ist, wo sich
alle Experten einig sind. Die biblischen Berichte scheiden als
Zeugen für die historische Existenz Jesu schon deswegen aus,
weil es sich dabei nicht um Geschichtsschreibung, sondern
um Glaubenszeugnisse handelt. Hinzu kommt, dass es sehr
schwierig ist, sie zeitlich einzuordnen und die darin
enthaltenen Verfasserangaben in der Regel nicht stimmen. Die
Mehrheit der Theologen räumt heute ein, dass die jeweiligen
Evangelien nicht von den in der Überschrift genannten
Verfassern stammen. Einige Evangelien werden erstmals am
Anfang des zweiten Jahrhunderts bezeugt – allerdings von
„Zeugen", die ihrerseits im Verdacht stehen, gefälscht zu sein.

Was Paulus betrifft, so kann der schon deswegen nicht als
Zeuge eines historischen Jesus gelten, weil er gar nicht über
ihn, sondern über den Hauptdarsteller eines mythologischen
Dramas schreibt. Einige ganz wenige scheinbare Stellen der
Bestätigung, z.B. Jesus sei Davidssohn oder aus einer Frau
geboren, sind vermutlich spätere Einschübe aus einer Zeit,
in der man begann, daran Anstoß zu nehmen. Jedenfalls
existierten Texte, in denen diese Angaben noch fehlen.

Bleiben also nur die außerchristlichen Jesuszeugnisse. Wie
umfangreich sind diese Quellen?

Alles in allem sind es sechs Kronzeugen, die von Theologen zur
Begründung ihrer Behauptung, Jesus sei außerchristlich

bezeugt, aufgeführt werden: der jüdische Historiker Josephus, die römischen Historiker und Schriftsteller Tacitus, Plinius und Sueton. Dazu kommt noch der angeblich Brief eines Vaters an seinen Sohn und ein weiteres Zeugnis, das wir nur aus dritter Hand besitzen. Die zentralen Aussagen dieser angeblichen „Zeugen" über Jesus ließen sich leicht auf einer Postkarte unterbringen. Im Buch versuche ich zu zeigen, dass der Wert der außerchristlichen Zeugnisse in der Vergangenheit maßlos überschätzt wurde. Man sah darin unabhängige Quellen. In Wahrheit wurden sie christlich überarbeitet – was angesichts der antiken und mittelalterlichen Methode der handschriftlichen Überlieferung nicht weiter verwundert. Für einen christlichen Kopisten war es ein Leichtes, den vorliegenden Text in seinem Sinne zu verbessern und zu „ergänzen".

Gibt es neues Quellenmaterial zur Frage der Historizität Jesu? Die These, Jesu habe nicht gelebt, ist ja schon älter.

Es sind zwar neue Quellen entdeckt und veröffentlicht worden – man denke an das erst vor kurzem veröffentlichte Judasevangelium oder die nach 1945 entdeckten Handschriften in Qumran und Nag Hammadi – allerdings haben diese im Hinblick auf die Frage der Historizität Jesu wenig neue Erkenntnisse gebracht. Auffallend ist nur, dass Jesus in den Qumranschriften gar nicht vorkommt, während er in der gnostischen Literatur von Nag Hammadi vorwiegend als mythologische Gestalt auftritt. Die Frage nach der Historizität Jesu ist in der Tat nicht neu und wurde schon vor dem Zweiten Weltkrieg in Deutschland diskutiert. Danach waren die Theologen sehr bedacht darauf, wieder zur Tagesordnung zurückkzukehren und erklärten die Frage von sich aus für erledigt. Allerdings kann es sich in der Wissenschaft manchmal als sinnvoll erweisen, einen scheinbar abgeschlossen Fall noch einmal neu aufzurollen. Das gilt *zumal dann, wenn der Verdacht besteht, dass bei der Bearbeitung des Falles eine gewisse Parteilichkeit im Spiel gewesen sein dürfte. Hinzu kommt, dass die Methoden zur Untersuchung alter Texte, die in dieser Angelegenheit eine wichtige Rolle spielen, sich in der Zwischenzeit verbessert und verfeinert haben. Heute gibt es eine Reihe von Datenbanken, mit deren Hilfe es möglich ist, die Verwendung von einzelnen Wörtern oder Lieblingswörtern bestimmter Autoren in Sekundenschnelle festzustellen und zeitlich einzuordnen. Wozu das gut sein kann, will ich an einem simplen Beispiel erläutern. Nehmen wir an, wir würden in einer Lutherhandschrift den Satz finden, Jesus habe die „Kids" gesegnet. Da würde sicherlich jeder fragen, wie es wohl mit der Echtheit dieser Handschrift bestellt sein mag. In den sogenannten außerchristlichen Zeugnissen finden sich oftmals Wörter und Ausdrücke, die nicht aus der Zeit stammen können, in der die Verfasser lebten, sondern aus einer späteren Epoche. Das zeigt, dass die originalen Texte der Verfasser offenbar christlich „überarbeitet" wurden. Betrachten wir exemplarisch einige dieser Zeugen. Flavius Josephus spricht von einem „weisen Mann" Jesus. Ist das kein Beleg? Um als historisch zuverlässig zu gelten, müsste das Zeugnis des Josephus, das auch als „Testimonium Flavianum" bezeichnet wird, einen Niederschlag in der frühen christlichen oder nichtchristlichen Literatur hinterlassen haben. Das ist jedoch nicht der Fall. Ob Justin, Hippolyt, Irenäus, Tertullian, Origenes usw. – sie alle schweigen. Dabei hätten diese frühen christlichen Schriftsteller allen Grund gehabt, sich darauf zu berufen. Immerhin hätten sie mit dem Hinweis auf den „weisen Mann" Jesus Verleumdungen und Verdächtigungen, denen sie vonseiten der Juden ausgesetzt waren, ausräumen können. Der Kirchenhistoriker Eusebius ist der erste, der das Zeugnis des Josephus zitiert. Merkwürdigerweise ähnelt das „Testimonium Flavianum", wie ich in dem Buch zeige, in Wortwahl und Ausdrucksweise seinem eigenen Sprachstil.*

176

Merkwürdig, oder Sicher kein Zufall.

Und was ist mit dem „Chrestus" des Sueton?

In seinen berühmten Kaiserbiographien berichtet der römische Historiker Sueton von einem Mann namens Chrestos, der unter Kaiser Claudius die Juden in Rom zum Aufruhr angestachelt haben soll. Darauf habe Claudius die Juden aus Rom vertrieben. Man fragt sich, wie Theologen in dieser Passage überhaupt ein Jesuszeugnis haben erblicken können. Denn erstens heißt der Mann Chrestos und nicht Christus, und zum andern hat er in der Regierungszeit des Claudius gelebt (41-54 u.Z.). Jesus ist aber bereits unter Tiberius (14-37 u.Z.) gestorben. Man muss schon sehr phantasievoll mit den Quellen umgehen und eine Reihe von Missverständnissen voraussetzen, um zu dem von vielen Theologen gewünschten Ergebnis zu gelangen. Dabei ist alles viel einfacher, wenn man Chrestos Chrestos sein lässt. Chrestos war übrigens ein verbreiteter Sklavenname.

Ist die berühmte Christenverfolgung unter Kaiser Nero, die uns Hollywood so eindrücklich vor Augen führt, nicht ein Hinweis auf ein frühes Christentum, und somit wenigstens indirekt auf Jesus?

Auch an dieser Stelle herrscht bei den frühchristlichen Zeugen wieder einmal tiefes Schweigen. Der von dem römischen Historiker Tacitus behauptete Zusammenhang von Rombrand und Christenverfolgung ist ihnen unbekannt. Es ist kaum anzunehmen, dass die christlichen Apologeten diesen schweren Vorwurf auf sich und ihren Glaubensbrüdern hätten sitzen lassen – wenn sie davon gewusst hätten. Dass die Christen wegen ihrer angeblichen Brandstiftung von Kaiser Nero verfolgt worden sein sollen, wird erst im 4. bis 5. Jahrhundert von dem Verfasser der gefälschten Korrespondenz zwischen

Paulus und Seneca und von dem Kirchenhistoriker Sulpicius Severus behauptet. Auch hier ähnelt die Passage bei Tacitus der Stelle bei Sulpicius Severus sehr stark in Wortwahl und Ausdruck. Vermutlich hat ein späterer Christ die Tacitusausgabe mit einem Auszug aus dem Werk des Sulpicius „ergänzt".

Heute gibt es eine zunehmende Zahl von Historikern, die daran zweifelt, ob die Behauptung, Kaiser Nero habe Rom angezündet, überhaupt zutrifft. Warum hätte der kunstbeflissene Kaiser in Kauf nehmen sollen, dass sein Palast mit den kostbaren Kunstschätzen verbrannte? Zumindest hätte er seine Kunstschätze vorher in Sicherheit gebracht.

Was ist der erste zuverlässige Beleg, wenn schon nicht für Jesus, dann wenigstens für das frühe Christentum?

Die ersten Zeugnisse kommen aus der Mitte bzw. der zweiten Hälfte des 2. Jahrhunderts. Kaiser Marc Aurel ist sicher ein vertrauenswürdiger Zeuge. Ebenso Lukian, der in seinem „Leben des Peregrinus Proteus" auf humorvolle Weise einen Scharlatan porträtiert, der in den frühen christlichen Gemeinden eine führende Rolle spielte.

Worin unterscheidet sich die These, Jesus habe nicht gelebt, von der in der Frühaufklärung oft vertretenen „Priesterbetrugshypothese"?

Der Vorwurf des Priesterbetrugs setzt voraus, dass Menschen von Priestern bzw. Theologen wissentlich hinters Licht geführt wurden. Der Mensch Jesus von Nazaret ist nicht das Ergebnis eines wissentlichen Betrugs, sondern einer längeren, sehr komplizierten historischen Entwicklung, an deren Ende niemand mehr genau wusste, was am Anfang wirklich passiert war. Richtig ist allerdings, dass die Kirche einen

„geschichtlichen" Jesus besser gebrauchen konnte als ein metaphysisches Himmelswesen. Mit Letzterem hätte sich beispielsweise die kirchliche Ämternachfolge, die auf Handauflegung beruhte, nur schlecht begründen lassen. Außerdem hatte die Kirche darauf zu reagieren, dass für die Mehrheit der Gläubigen nur das wirklich ist, was historisch ist. Das ist ja bis heute so. Leider.

Wie, wo und wann kann das Christentum, wenn es nicht auf einen Jesus von Nazaret zurückzuführen ist, sonst entstanden sein?

Nachdem auch das eine Weile bestritten wurde, weiß man heute wieder, dass die Verehrung sterbender und auferstehender Gottheiten in der Antike sehr verbreitet war.
*Die Mythen eines Attis, Adonis, Dionysus, Herakles weisen — trotz unterschiedlicher Einzelheiten – im Kern das gleiche Grundmuster auf wie die Überlieferung über Tod und Auferstehung Jesu. Klage- und Auferstehungsfeiern für Adonis, Attis und andere Kultgottheiten waren über den ganzen Mittelmeerraum verbreitet und fanden teilweise zu derselben Zeit statt **wie** Karwoche und Ostern.*

Das Christentum hat den Grundgedanken des sterbenden und auferstehenden Mysteriengottes mit dem des auf die Erde kommenden und wieder zum Himmel fahrenden gnostischen Erlösers kombiniert und daraus einen ganz selbstständigen, eindrucksvollen Mythos geschaffen. Der war ursprünglich noch ohne zeitliche Fixierung. Erst gegen Mitte des 2. Jahrhundert entstanden daraus die heutigen Evangelien. Darin wird Jesus als geschichtliche Person unter Pontius Pilatus dargestellt. Zugleich wurden dabei die kirchlichen Auseinandersetzungen des 2. Jahrhunderts in die vermeintlichen Anfänge im ersten Jahrhundert zurückprojiziert. Die Weichen für diese ganze Entwicklung wurden in Rom gestellt.

Wenn Jesus nie existiert hat, sondern eine Erfindung von Menschen ist, eine Art ins Religiöse gewendeter „Harry Potter", was bleibt dann vom christlichen Glauben übrig, von der Autorität der Kirchen?

Die Wahrheit des Glaubens sollte sich nicht über die Geschichte definieren. Das Gleichnis vom „Verlorenen Sohn" verliert nicht an Wert, wenn ich weiß, dass Vater und Sohn fiktive Gestalten sind. Und umgekehrt wird das Gleichnis für mich nicht dadurch wichtiger, dass ich Namen und Adresse der auftretenden Personen kenne. Ob es einen historischen Jesus gegeben hat, der am Kreuz gestorben ist, ist in religiöser Hinsicht irrelevant... sollte es jedenfalls sein für jemanden, der für die Sprache der Zeichen und Symbole empfänglich ist. Entscheidend ist, welche Bedeutung das Kreuz für mich und mein Gottesbild hat. Wir müssen wieder zurück zu einer poetischen Betrachtungsweise der Bibel. Die ersten Evangelien wurden als Gleichnisse und nicht als Geschichte verfasst.

Fürchten Sie nicht, Probleme mit Ihrer Kirche zu bekommen?

Wovor sollte ich mich fürchten? Da sich meine Kollegen nach eigenem Selbstverständnis als „Wahrheitswissenschaftler" betrachten, werden sie gerne mit mir um die geschichtliche Wahrheit streiten wollen. Ich freue mich auf jede offene und sachliche Auseinandersetzung. **Die Fragen stellte Martin Bauer.**

Hermann Detering: Falsche Zeugen. Außerchristliche Jesuszeugnisse auf dem Prüfstand. Aschaffenburg: Alibri 2011. 243 Seiten, kartoniert, Euro 19.-, ISBN 978-3-86569-070-8

https://hpd.de/node/12044/seite/0/1 Aufruf 01/2023

Wenn schon die Verblödung in der Gesellschaft und ihre hochkomplexe, wenngleich naive Form der Kultur, es sich bequem gemacht hat, so ist es umso erschreckender das in den Wissenschaften eine zunehmende Abstumpfung zu beobachten ist.

Wie im theologisch-akademischen Exkurs festgehalten werden konnte deuten höchstens, mit einer großzügigen Portion Kulanz versehen, ganz zarte und fragile Hinweischen auf einen Religionsgründer namens Jesus.

Wie alle Religionen, die nur Urängste des Menschen kompensieren wollen, sich in illusionären Idealisierungen verlieren und jeglichen Realitäts- bezug verloren haben so überträgt sich dieses paradoxe und irrationale Verhalten selbstverständlich auch auf die Kultur; jenes Topgebilde der menschlichen Entwicklung und Zivilisation, die Vollendung und damit einhergehende Verblödung der menschlichen Lebensgestaltung darstellen soll.

Historisch gesehen befinden wir uns in bester Gesellschaft. Alle hochkomplexen Kulturen, für mich angefangen bei den Germanen, Römern, Ägyptern, Sumerer bis hin zu Azteken, Mayas und Inkas erstrahlten im hellen Scheine der kometenhaft aufgestiegenen Kulturen um dann wie eine Sternschnuppe am kulturellen Himmelsfirmament zu verglühen. Die einen eher, die anderen später!

Warum? Weil Faulheit, Trägheit und Egoismus sie

schließlich zu Fall brachten. Weil ihre Borderline anmutenden fantastischen Visionen sie kollabieren ließen und ihre neurotischen Auswüchse ihren Geist völlig in die Verstumpfung trieb. Weit hergeholt? Nein! Warum? Weil sich analoges heute in unseren Kulturen, und hier speziell den westlichen, wiederholt.

Zunehmende Globalisierung, Digitalisierung, Technisierung und wahnwitzige Industrialisierung, ein Bildungssystem das auf dem Niveau einer Förderschule basiert, tun ihr übriges. Scheinbar ökologische Politiker die meinen, einmal wöchentlich ein Smoothie zu trinken reiche aus um gesund zu bleiben und im gleichen Atemzug verkünden, der Dieselmotor sei an allem Schuld. Genau die selben, die erst die Kuhmägen für den rasanten Anstieg der Methanwerte verantwortlich machten, um dann festzustellen, dass dafür riesige Methanfelder am Nordpol verantwortlich sind.

Politiker (und die Gesellschaft) die vor vierzig Jahren nach mehr Pflegekräften und einer damit einher gehenden besseren Bezahlung riefen, tun das selbe noch heute. Ist das etwa nicht Verdummung? Ist es Verblödung oder brutales soziales Kalkül, das Menschen in Pflegeheimen teils unter unmenschlichen Bedingungen eine sogenannte *Pflege* erfahren ?

Wie geistig abgestumpft muß ein System sein, das seinen schwächsten Gliedern u.U. 4000,--Euro monatlich abknöpft, um vier mal täglich eine Pampers gewechselt zu bekommen und drei Mal täglich eine Mahlzeit auf Pommes-frites-Buden Niveau serviert zu bekommen ?

Wie verblödet ist eine Kultur, die sog. Heilkundigen Unsummen von Geld in ihren nimmersatten Schlund scheffelt, Heilkundigen, die noch nicht mals erklären können, warum eben jemand Schweißfüße hat und der andere nicht? Allenfalls handelt es sich um eine Medizin, die schon längst vor den Erfordernissen der Natur kapituliert hat und sich lieber nach guter alter Schrotthändlermanier alter Ersatzteile bedient, hier Transplantationen, statt mal den eigenen Grips zu fordern? Aber dies ist natürlich viel lukrativer und weniger anstrengend, da das verblödete Gesund-heitssystem ja zahlen wird!!

Was Wissenschaftler so alles treiben konnte ausführlich dargestellt werden. Darauf würde ich mich persönlich nicht verlassen. Verlassen sie sich auf ihr Gespür, auf ihre ganz persönliche und individuelle Ansicht. Mehr ist nicht zu sagen. Das kulturelle Geschwätz von der kollektiven Meinung ist und bleibt barer Unsinn.

Die breite Masse des Volkes wird *gewollt* im kulturellen Korsett des Staates in „*Schach*" gehalten. Nur so lässt sich regieren, das Volk verblöden und

Faulheit, Trägheit und Egoismus, als Mit-Symptom einer Demokratie, aufrecht erhalten.

Von der einst gedachten Form der Demokratie der Alten sind wir weit entfernt. Dazu gehört mehr als ein marodes Sozialsystem und Meinungsfreiheit, die auch nur unter bestimmten Prämissen gilt. Längst kann man in diesem Land nicht mehr ungeschminkt seine Meinung sagen. Der sozio-kulturelle Schleier der Verblödung ist auch hier voll ausgebreitet. Was in früheren Zeiten noch als unanständig oder höchstens grober Unfug galt, ist heute überwiegend kriminalisiert worden und mit Strafe belegt. Staatliche Reglementierungen die den Bürger erziehen sollen, verfehlen ihre Wirkung. Dabei ist es doch alte gute anerkannte soziologische Weisheit, das sich in Gesellschaften und Kulturen auch Parallelwelten und Parallelkulturen bilden, bilden müssen, um ein Gleichgewicht zu erhalten. Warum also die Aufregung? Demokratie lebt doch von Meinungswechsel und Diskussion, oder etwa nicht?

"Es dauern die Staaten nur so lange, als es einen herrschenden Willen gibt, und dieser herrschende Wille für gleichbedeutend mit dem eigenen Willen angesehen wird. Es kann sich der Staat des Anspruchs nicht entschlagen, den Willen des Einzelnen zu bestimmen, darauf zu spekulieren und zu rechnen. Für ihn ist's unumgänglich nötig, daß Niemand einen eigenen Willen habe; hätte ihn Einer, so müßte der Staat diesern ausschließen (einsperren, verbannen usw.); hätten ihn Alle, so schafften sie den Staat ab."

Max Steiner Der Einzige und sein Eigentum, Stuttgart 1972, Seite 214

Wie infantil mutet es an, wenn von ökologischen Politikern und ihren Parteien eine desolate Ökobilanz präsentiert wird, mit der Androhung, ab dem Jahre 2035 nur noch leise vor sich hin schnurrende Elektroautos auf bundesdeutschen (und welch größenwahnsinniges Traumgespinst) und weltweiten Straßen fahren zu lassen.

Mit dem Hinweis auf den Klimawandel, der aber wenn überhaupt vom Menschen allenfalls nur peripher mit verursacht wird, können wir uns dann alle Autos von etwa 50.000 Euro Anschaffungspreis kaufen um somit stundenlang vor einer Stromzapfstelle stehen und dann nochmals einige Stunden warten, bis das Auto genügend Strom getankt hat um dann vielleicht gute 200 Kilometer fahren zu können bis zur nächsten Zapfstelle. Grob gesagt.

Dann werden bei den ungerechten und desolaten Löhnen die in Deutschland zum großen Teil gezahlt werden, wohl demnächst nur noch einige tausend Mitbürger mit dem Auto unterwegs sein; der andere Teil dann kann endgültig auf Fahrrad, ÖPNV oder Roller umsteigen. Ein tolles ökologisches Kalkül. Finden sie nicht auch? Umweltschutz in Reinform!

Wie geistig umnachtet muß eine Politik sein die glaubt , man könne viele Staaten in ein synbiotisches Korsett zwängen und hoffen alles ginge gut.?

Die Europäische Union, jenes Gebilde, emporgestiegen aus den Untiefen des menschlichen Geistes und seiner illusionären Sehnsucht nach Gemeinschaft und Geborgenheit, wird dann wie immer eines Besseren belehrt.

Massenarbeitslosigkeit, soziale Unruhen, horrende Schulden, Terrorismus ohne Grenzen und Waffenhändler die sich freudig die Hände reiben, sind da nur noch die harmlosesten Nebenwirkungen, die von kindischem Gezänke, wer denn wie viele Flüchtlinge aufnehmen will und kann, abgerundet wird. Und nun auch noch der Krieg in der Ukraine; zunehmende Umweltkatastrophen, Erdbeben, Überflutungen, Corona. Und und und,

Quo vadis, Domine? Wie soll es enden?

Man stelle sich nur einmal vor, ein Landwirt, der es mit seinen Tieren gut meint und ihre soziale Empathie stärken möchte, dass sie nicht so alleine wären und er, der Bauer, Einsparungen tätigen könnte hinsichtlich weniger Ställe und Stellplätze. Dann umbaut er eine riesige Feldfläche mit einem Zaun und platziert auf dieser Fläche Schweine, Pferde, Hühner, Ziegen, Schafe, Kühe und noch ein paar Esel und Alpakas dazu. Und fertig ist die Arche Noah, Wie wir aber heute wissen, war sie nur eine begrenzte Zeit unterwegs. Globalisierung zum günstigen Schnäppchenpreis gibt es nicht.

Wie albern mutet es an, wenn Politiker dem empörten und wütenden Volk erklären wollen, warum es einen sogenannten *Islamischen Staat* gibt?

Die angeblich aus heiterem Himmel stammende
Miliz begründet sich auf einem primitiven Rache-
gedanken eines US-amerikanischen Präsidenten
namens Bush, der 2003 einer Kurzschlußhandlung
unterlag und meinte, einen *vergleichsweise*
harmlosen irakischen Machthaber namens Saddam
Hussein reglementieren zu müssen und ihn dann
noch zu töten. Wohl *bar jeglicher Kenntnis* über
religiöse und theologische Auswirkungen wurde
dann auf den vermeintlichen Aggressor
eingedroschen, wie einst General George Armstrong
Custer am Little Big Horn versuchte, auf die sich
ihm entgegengestellten Indianer einzudreschen. Was
daraus wurde, ist ja hinlänglich bekannt!
Tod und Verwüstung erzeugt immer neuen Tod und
neue Verwüstung. Und wie Phönix aus der Asche
erstand eine hasserfüllte, wütende und perspek-
tivlose Antwort auf die Zerstörungswut eines
christlich-abendländisch geprägten Landes in Form
des Islamischen Staates. So einfach ist das. *Trauer
und Hass, grenzenlose Wut und Rache* gingen
eine todbringende *Allianz* ein, hervorgerufen durch
kindliche Rachegelüste und einer völlig verfehlten
imperialistischen Politik. Was für eine Verblödung!
Das nach nun mehr 75 Jahren nach der Nazizeit eine
angeblich, man warte aber bitte erst den
Verfassungsschutz-Bericht ab, rechtsextreme und
nationalsozialistisch angehauchte Partei eine

Alternative für Deutschland sein soll, muß man sehen und demzufolge abwarten. Wenn aber schon sofort der Nazivergleich herangezogen wird, nur weil hier Menschen ihren Unmut über eine völlig verfehlte Flüchtlingspolitik äußern und keine EU haben möchten und wieder sicher kontrollierte Grenzen besitzen wollen, hat das mit der damaligen NSDAP ebenso wenig zu tun wie Äpfel mit Birnen. Vergleiche hinken, wie man weiß, und unsachgemäße Vergleiche erst recht. Nun muß man ja heute recht vorsichtig sein mit dem, was man sagt und schreibt. Sagt man *Volk* wird man gleich schräg angesehen und muß fast Angst haben, das gleich ein Sondereinsatzkommando der Polizei bei dir auftaucht. Sagt man *WILLKOMMEN FLÜCHTLINGE* kann es dir passieren, das dein Auto in Flammen aufgeht. Dies mögen nur ein paar *kleine tendenzielle* Hinweise sein, was heute unter demokratischer Meinungs-Freiheit verstanden wird. Die Gründungsväter unseres Grundgesetzes würden sich ebenfalls im Grabe umdrehen!! Auch andere Parteienhaben durchaus rechte Ansichten und schämen sich teilweise für gemachte Äußerungen wenig. Z.B. Die Doktorin der Physik und einstige Bundeskanzlerin Angela Merkel die da sagte:

„Ich freue mich, dass es gelungen ist, Bin Laden zu töten. Das ist es, was jetzt für mich zählt."
3. Mai 2011, 18:19 Uhr
http://www.sueddeutsche.de/politik/reaktionen-auf-den-tod-von-osama-bin-laden

Aber auch die Parteikumpane von der anderen christlich orientierten Schwesterpartei der *sozialen Christen (CSU)* wie ihr Vorsitzender Horst Seehofer zeigten unverhohlen Freude und Erleichterung über den Tod des Al-Kaida Chefs. Womöglich noch mit dem Abbild des gekreuzigten Heilandes im Rücken und seinem erbarmungswürdigen Anblick im Tode werden solche

Äußerungen von *„christlichen"* Politikern getätigt. Dabei ist doch der Messias und Heiland, der Sohn Gottes oder auch die Personifikation Gottes, für uns und unsere **einstigen** und **zukünftigen** Sünden am Kreuze zu Golgatha an zwei Holzpfähle genagelt worden mittels jüdischem Ratschluß und römischer praktischer Umsetzung.

„ Du sollst nicht töten", diese Urmaxime des christlichen Glaubens, das fünfte Gebot der Bibel, das Wort Gottes wird missachtet und auch noch gerechtfertigt! *„ Du sollst nicht töten"*, diese Urmaxime des christlichen Glaubens, das fünfte Gebot der Bibel, das Wort Gottes wird missachtet und auch noch gerechtfertigt!

„Tötung ist in sich schlecht, auch wenn sie angeblich im Interesse des Gemeinwohls verübt würde: An schuld- und wehrlosen Geistesschwachen und -kranken, an unheilbar Siechen und tödlich Verletzten, an erblich Belasteten und lebensuntüchtigen Neugeborenen, an unschuldigen Geiseln und entwaffneten Kriegs- oder Strafgefangenen, an Menschen fremder Rassen und Abstammung. Auch die Obrigkeit kann und darf nur wirklich todeswürdige Verbrechen mit dem Tode bestrafen".
http://www.kath.de/kurs/kg/21.htm#4
Aufruf 12/22

Na also, wenn das kein Statement ist! Die selbsternannten Stellvertreter des Stellvertreters Gottes auf Erden (Papst!) heißen Tötungen für gut. Punkt.
Aber was, wenn nun Herr bin Laden krank war an Körper und Geist, gar genetische Defekte aufgewiesen hat? Weiß man`s?

"Um fortbestehen zu können, muß jede Gesellschaft der Charakter ihrer Mitglieder so formen, daß sie das tun wollen,was sie tun müssen. Ihre soziale Funktion muß zu einem Teil ihrer selbst werden und muß in etwas verwandelt werden, zu dem sie sich getrieben fühlen, und nicht etwas sein, das sie tun müssen. Eine Gesellschaft kann ein Abweichen von diesem Schema nicht dulden, denn wenn dieser soziale Charakter seine zusammenhaltende Festigkeit verliert, werden viele Individuen nicht mehr so handeln, wie man es von ihnen erwartet, und der Fortbestand der Gesellschaft in ihrer gegebenen Form wäre gefährdet."

FROMM / SUZUKI/ de MARTINO, Zenbuddhismus und Psychoanalyse, Frankfurt 1980, Seite 1

Das wir in diesem unseren Land massive Probleme haben dürften mittlerweile die meisten zur Kenntnis genommen haben, zumindest die, die kein allzu üppiges Bankkonto aufweisen können und etwas weniger Glück und Zufall hatten als jene, die meinen sie hätten sich alles von alleine aufgebaut, das sogenannte *Self-made.*Ich weiß schon, dass ich mich jetzt wiederhole, aber ich möchte es. Bis zum Erbrechen, wissen Sie noch?

Ohne auch nur ansatzweise Gesichtsröte zu zeigen, behaupten diese Zeitgenossen sie hätten alle ihre Kraft und Ausdauer, Zähigkeit und den Glauben an ihre Vision in harte Arbeit gesteckt um das begehrte Ziel zu erreichen.

Zumindest in erbschaftstechnischer Hinsicht sieht das Ganze dann aber doch anders aus. Wie allgemein bekannt, sind ca. 85% des Vermögens (aus Unternehmen, Firmen usw.) einst vom fleißigen Großvater oder Vater an den oftmals größenwahnsinnigen Sohn (oder Tochter oder beide) vererbt und somit in den Sand gesetzt worden, um es vereinfacht auszudrücken. Zahlreiche Insolvenzen und Konkurse großer und mittlerer Unternehmungen sind hier zu nennen und mit entsprechender Recherche, die ich mir hier ersparen möchte, zu belegen. In dieser unserer Kultur zählt nicht mehr Fleiß und Anstand, Pflichtbewusstsein und kollektives Denken, sondern nur noch Glück, Zufall und natürlich der richtige Familienname. Mit Müller oder Meyer im Namen sind heutzutage keine gewaltigen gesellschaftlichen Sprünge zu machen: mit dem Namen Siemens, Bosch oder Krupp, Porsche oder von Anhalt gibt es da schon wesentlich bessere Perspektiven und Aussichten. Nach dem Motto: *Das Volk muß schön brav, satt und ruhig sein,* lässt sich hervorragend Politik machen, die aber längst keine Politik mehr ist.

Was gib es noch zusagen? Ein Schul-und Bildungs-system so wie es momentan in der Bundesrepublik Deutschland existiert, kann keine guten Früchte tragen. Hier lernen Kinder tatsächlich für die Schule und ihre Lehrer, aber nicht für das Leben, dass sie zu kritischen, mündigen und reflektierenden und hinterfragenden Menschen **bilden soll.**

Allenfalls werden gute Gedächtniskünstler heran-gezüchtet, die alles Mögliche auswendig aufsagen können. Binomische Formeln und die Jahreszahl der Schlacht von Trafalgar sind natürlich wichtiger als konkret zu wisssen, wie der spätere Lebensweg klug und intelligent gestaltet werden kann. Sogenannte *Hochbegabte.* deren Matrix uns natürlich noch unbekannt ist, werden das in sich tragen, was wohl **jeder** von uns aufzuweisen hat. Erkannt wird es leider nicht, es sei denn, man hat wieder einmal riesiges Glück und einen noch nicht verblödeten Lehrer mit einem stumpfsinnigen Lehrplan.

Statt dessen wird altes, unstimmiges und teils schlichtweg Falsches unterrichtet. Genannt sei hier das Thema Nationalsozialismus. Wie bereits geschrieben, muß man ja heutzutage mit äußerster Vorsicht und guter Wortwahl an ein solches Thema herangehen.

Natürlich war dies eine unselige, grausame und menschenverachtende Zeit. *Punkt.*

Und natürlich wird heute jeder anständige Historiker und solche die sich dafür halten, mit pathetischer und gestrenger Miene behaupten, das nichts, aber auch rein gar nichts an der NS-Zeit gut gewesen sei. Punkt.

Das stimmt so aber nicht. Punkt.

Der 1. Mai Feiertag, Tag der Arbeit, stammt von den Nazis. Zwar wurde schon in der Weimarer Nationalversammlung im Jahre 1919 der Vorschlag zu einem solchen Feiertag getätigt: allein es scheiterte an parteipolitischem Gezänk. So aber wurde dann am 10.4.1933 in einem Reichsgesetz der 1. Mai zum Tag der nationalen Arbeit festgelegt. Punkt.

Ab 1941 wurde die bis heute vorhandene Krankenversicherung der Rentner (KVdR) eingeführt.

https://sozialversicherung-kompetent.de/sozialversicherung/allgemeines/
28-geschichte-der-krankenversicherung.html

Schade, werden sich wohl einige heutige Politiker denken, dass die Nazis die Rentner in die KvdR, die Krankenversicherung der Rentner, aufgenommen haben. Oder gehe ich da jetzt zu weit?

Thema Autobahn, Längst als Mythos widerlegt, jedenfalls geschichtswissenschaftlich nach eigenem bekunden, haben die Nazis eigentlich keine Autobahnen gebaut. Dreister geht's nimmer! Natürlich haben die Nationalsozialisten Autobahnen gebaut. *Zwar stammt die Idee tatsächlich quellenhistorisch aus der Zeit der Weimarer Republik*: allein lange Planungen spielten den Nazis dann den Joker zu. Gebaut haben *sie* dann aber die begehrten Straßen. Punkt.

Thema Kindergeld. Von den Nazis 1936 eingeführt und 1938 geändert, wobei ab dem dritten Kind eine Zahlung erfolgte. Die Familienkassen in der damaligen Bundesrepublik behielten diese Regelung bis 1961 bei: würde man vielleicht heute gerne wieder ändern, wenn`s denn ginge. Oder? Punkt.

Die *psychologische Wissenschaft* hat den Nazis auch einiges zu verdanken. Bis dahin ein wirrer unzusammenhängender Haufen von Ansichten, Strömungen und Schulen wurde hier dann endlich einmal eine Ordnung geschaffen.

*Nach diesen Vorüberlegungen stellt sich natürlich die Frage,
inwiefern die Psychologie von den Nationalsozialisten
„ideologisiert" und für ihre finsteren Zwecke mißbraucht
wurde.*

*Überraschenderweise stellt sich heraus, daß die Psychologen
nach den „Säuberungen" des Faches zu Beginn der
nationalsozialistischen Herrschaft ideologisch überraschend
unbehelligt blieben.*

*Die Nationalsozialisten hatten offenbar kein großes Interesse
an der Psychologie als solcher.*

*Obwohl viele Wissenschaften, wie z.B. die Medizin
(Euthanasieprogamme, Menschenversuche, etc.) unter den
Nazis ihre Unschuld verloren, gab es innerhalb der
Psychologie erstaunlich wenige einschlägige
Untersuchungen: Es wurden lediglich einige wenige Studien
zur Erb und Rassenpsychologie durchgeführt, wobei es um die
Frage der Vererbbarkeit psychischer
Eigenschaften ging. Diese waren jedoch ziemlich unbedeutend
im Vergleich zu zwei anderen Ereignissen, welche die
Psychologie zwischen 1933 und 1945 entscheidend
bestimmten:*

*Das erste dieser Ereignisse war der Erlaß des neuen
Wehrgesetzes 1935, d.h. die Wiedereinführung der allgemeinen
Wehrpflicht, welche der Wehrmachtspsychologie zu einem
ungeheuren Aufschwung verhalf. Zum Vergleich: 1935 gab es
69 bei der Wehrmacht angestellte Psychologen, 1937 waren es
bereits 320, wobei diese Zahl bis 1942 weiter wuchs. Dadurch
hatte die Psychologie erstmals ein quantitativ und strukturell
ernstzunehmendes Betätigungsfeld außerhalb der Hoch-
schulen.*

Das zweite dieser Ereignisse war die Einführung einer verbindlichen Diplomstudienordnung am 01.04.1941, in welcher Fächerkatalog und Stundenumfang, Prüfungsordnung, festgelegt wurde, der Titel „Diplompsychologe" eingeführt und geschützt wurde, sowie ein Berufsbild in Abgrenzung zur Medizin definiert wurde. Diese Diplomprüfungsordnung schuf einen Konsens über die Binnenordnung des Faches und stabilisierte diesen. Diese beiden Ereignisse haben direkt oder indirekt mit der Professionalisierung der Psychologie zu tun. Dadurch wird bereits deutlich, daß einer der zentralen Fortschritte, wenn nicht sogar das bedeutendste Charakteristikum der Psychologie im Nationalsozialismus deren gelungene Professionalisierung war: Die Psychologie erhielt einen eigenen Ausbildungsgang, ein berufsbefähigendes Examen und einen Laufbahnberuf.

GEUTE, U.,(1984).
Die Professionalisierung der deutschen Psychologie im Nationalsozialismus.
Frankfurt am Main: Suhrkamp Verlag.

HOFSTÄTTER, P.R
(Hrsg). (1985). Deutsche Wehrmachtspsychologie 19141945. München: Verlag für Wehrwissenschaften.

SCHÖNPFLUG, W.(2000). Geschichte und Systematik der Psychologie . Weinheim: Psychologie Verlags Union

Soviel zu dieser Thematik. Nun wird immer gesagt, dass diese von mir aufgezeigten Dinge nicht gut gewesen seien, *da sie ausschließlich und explizit nur Ergebnis u.a. des Rassenwahnes der Nazis gewesen seien und letztendlich nur der „reinen" deutschen Bevölkerung zugute gekommen seien".*

Richtig, stimmt ja so auch. Korrekterweise sollten dann aber schon umgehend und schleunigst diese Tatsachen rückgängig gemacht werden. Wenn schon nichts Gutes an der NS-Zeit zu sehen ist, muß man auch konsequent sein . Also: 1. Mai abschaffen und am besten den 2. Mai zum Feiertag ernennen, Autobahnen abreißen und wieder neu bauen (würde viele Arbeitsplätze bringen), alle Rentner raus aus der Krankenversicherung und privat zahlen lassen und die von Immanuel Kant zur *reinen Natur-beobachtung* degradierte Psychologie sollte sich auch lieber wie ihre wissenschaftliche Schwester der Theologie um einen Fernkursplatz bemühen. Denn außer beobachten, Statistiken erstellen und be-schreiben ist von dieser Wissenschaft nun wahrlich nicht viel zu erwarten!

Ach ja, bevor ich es vergesse. Wenn schon gläubige Menschen am 31. Oktober den auf Martin Luther zurückgehenden Reformationstag feiern, jenen Tag, der die Spaltung der Kirche bedeutete, sollte nicht auch nicht vergessen werden, das der Herr Doktor der Theologie Luther ein bekennender Judenhasser

war, ein ausgesprochener Antisemit und tat dies
1543 in seiner Schrift *Die Juden und ihre Lügen*
kund mit der Aufforderung

**"ihre Synagogen verbrennen und dem Erdboden
gleich machen, ihre Häuser zerstören", das "Geleit
und die Straße ganz für sie aufheben" und "die
jungen starken Juden und Jüdinnen zur Arbeit mit
Flegel, Axt, Spaten, Rocken, Spindel zwingen".**

Ein Aufschrei der Empörung? Mitnichten! Die
Seilschaft zwischen Kirche und Staat funktioniert
hervorragend und so können auch schon mal
antisemitische Äußerungen vor allem und wegen der
Reputation des Martin Luther unter den Mantel der
Barmherzigkeit gekehrt werden.
Eigentlich müßte er sofort nachträglich exkom-
muniziert werden; da sich aber niemand wohl so
recht für ihn verantwortlich fühlt, wegen oder dank
der Spaltung der Kirche in evangelisch, katholisch,
lutherisch, reformiert usw., wird das gläubige Volk
noch mehr für dumm verkauft. Unschwer ist es zu
erkennen: Der Expresszug der Verblödung fährt
unaufhaltsam ins Nirgendwo. Zukunft wie sie uns
von Politikern und ihren primitiven Phrasen
schmackhaft gemacht werden sollen, scheinen ihre

Funktionalität einzubüßen.

Es gibt nämlich keine Zukunft. Auch dies ein pures Produkt unserer neuronalen Verschaltungen sprich unseres Gehirnes. *Der Ulmer Neurologe Markus Spitzer, dessen Tochter in Regensburg Zahnmedizin studiert, ist einer der führenden Gehirnforscher in Deutschland. In einem Interview stellte er nun die steile These auf, digitale Medien verdummen – schlichtweg, weil sie dem Gehirn Arbeit wegnehmen.*

Unsere geistige Leistungsfähigkeit nimmt ab, weil wir zu häufig digitale Medien nutzen. Mit dieser Gesellschaftskritik lässt der renommierte Gehirnforscher Manfred Spitzer in seinem bei Droemer erschienenen Buch "Digitale Demenz - wie wir uns und unsere Kinder um den Verstand bringen" aufhorchen. Im pressetext-Interview legt der ärztliche Leiter der Psychiatrischen Universitätsklinik Ulm dar, wie Internet, Konsolen, Smartphones und Co das Gehirn schädigen.

pressetext: Praktisch jeder ist heute online, dank Smartphone sogar ständig. Sie machen eine Krankheit daraus undnehmen viel Gegenwind in Kauf. Wofür?

Spitzer: Ich pathologisiere nicht, sondern stelle fest: Wo es Wirkungen gibt, sind auch Risiken und Nebenwirkungen. Digitale Medien erledigen geistige Arbeit für uns und nehmen uns das Denken ab, ähnlich

wie uns das Auto körperliche Arbeit abnimmt. Als Neurowissenschaftler weiß ich, dass man völlig ausschließen kann, dass das keine Auswirkungen auf das Gehirn hätte.

Genauso wie unser Körper durch die passive Lebensweise nun auf Joggen und Fitness-Center angewiesen ist, ist auch das Gehirn ein dynamisches Organ, das bei ausbleibendem Input verfällt.

pressetext: Wo wird für Sie dieser Verfall sichtbar?

Spitzer: Google macht uns weis, dass es über jegliche Information verfügt, die man nur suchen muss. Studien belegen aber, dass jemand gegoogelte Inhalte mit geringerer Wahrscheinlichkeit im Gehirn abspeichert als jemand, der sie auf andere Weise sucht. Oder etwa bei der Orientierung: Wir lagern sie an das Navigationsgerät im Auto aus - und dürfen uns nicht wundern, dass wir selbst immer schlechter navigieren. Ähnliches gilt für Geburtstage, Telefonnummern, Kopfrechnen oder die Rechtschreibung. Passiert weniger im Gehirn, lernt man weniger, und die Gehirnwindungen bilden sich weniger aus.

pressetext: Aber was hat das mit Demenz zu tun?

Spitzer: Demenz heißt Abstieg. Steigt man von der Spitze eines Berges herab, so dauert das umso länger, je höher der Berg ist. Ebenso entscheidet sich auch der Zeitpunkt des Einsetzens einer Demenzerkrankung dadurch, wie gut die Bereiche des Gehirns zuvor durch die ständige Nutzung ausgebildet und trainiert wurden. Wer hier

wenig hat, verliert es früher. Zudem beschleunigen die Medien den Abstieg: Indem Maschinen etwa Updates selbst vornehmen oder E-Mails, Postings und SMS sofortige Reaktion erfordern, sind wir nicht mehr Herr über unser Tun. Diese Kontrollabgabe führt zu Stress, der wiederum Nervenzellen im Gehirn absterben lässt.

pressetext: Computer, Internet und Smartphones nutzt heute jeder. Werden wir deshalb schon alle dement?

Spitzer: Die Bezeichnung "Digitale Demenz" haben Kollegen aus Korea 2007 zur Beschreibung eines Phänomens eingeführt, das sich seither noch zugespitzt hat: Junge Erwachsene konzentrieren sich immer weniger, merken sich nichts mehr, haben Probleme mit dem Lesen von Texten, sind müde und motivationslos und stumpfen emotional ab. Da die Betroffenen angaben, Computer und Internet exzessiv zu nutzen - Korea ist das Land mit der wahrscheinlich höchsten Mediatisierung überhaupt - haben die Ärzte einen kausalen Zusammenhang hergestellt.

pressetext: Drohen uns koreanische Verhältnisse?

Spitzer: In Koreas junger Generation sind heute zwölf Prozent internet- und computersüchtig, haben also ernste Probleme damit, längere Zeit offline zu gehen. In Deutschland laut dem Suchtbeauftragten der Bundesregierung drei bis vier Prozent, wobei 250.000 als süchtig und 1,4 Mio. als Risikofälle gelten. Das sind sehr viele junge Menschen, die am liebsten 18 Stunden pro Tag im Web wären und ihr Leben dabei nicht in Griff haben. Das ist schlimm für die Zukunft eines Landes und fatal für die Betroffenen selbst, wie ich aus entsprechenden Erfahrungen mit meinen Patienten gelernt habe.

pressetext: Wie wirkt sich das auf die Lebensführung aus?

Spitzer: Eine Stanford-Studie zeigt, dass acht- bis zwölfjährige Mädchen sieben Stunden pro Tag online sind, doch nur zwei Stunden mit anderen Mädchen realen Kontakt haben - im Schnitt! Bei uns verbringen Jugendliche täglich doppelt so viel Zeit mit Medien als mit dem gesamten Schulunterricht. Als Folge werden wir oberflächlicher, gehen Dingen weniger auf den Grund, zudem wuchern Aufmerksamkeitsstörungen und Vereinsamung, da direkte Sozialkontakte durch Social Media abnehmen. Längst keine Ausnahme mehr sind Pärchen im Restaurant, bei dem jeder per Smartphone twittert, wie toll doch das Rendevouz ist. Miteinander kommunizieren die beiden jedoch kaum - das Rendevouz findet gar nicht statt.

pressetext: Manche meistern den Umgang mit Medien also weniger gut als andere. Wer gehört zur Problemgruppe der Süchtigen?

Spitzer: Die üblichen Randgruppen aus prekären Verhältnissen leiden am meisten darunter, denn sie verbringen heute statistisch gesehen die höchste Stundenanzahl mit digitalen Medien. Das ist jedoch brisant: Medien bringen nicht den Ausgleich, wie oft behauptet wird, sondern verstärken bestehende Ungleichheiten und wirken dadurch unsozial statt sozial. Die Gesellschaft müsste dies dringend mehr reflektieren, denn sie hat bisher noch gar nicht gelernt, mit den resultierenden Problemen umzugehen, zu denen sich Studien aus der Neurowissenschaft längst häufen.

pressetext: Inwiefern ist die Politik für diese Erkenntnisse hellhörig?

Spitzer: Gar nicht, da sie eine unheilige Allianz mit den Medien eingegangen ist. Intendanten werden durch die Politik bestimmt und Politiker unterliegen den Medien dahingehend, dass kritische Einstellung zur medialen Ächtung führt.
Enquetes laden ausschließlich Experten ein, die von Medienunternehmen-gesponserten Medieninstituten stammen. Das erklärt, warum sie dann empfehlen, dass jeder Schüler einen Laptop haben soll, obwohl wir wissen, dass der dem Lernen mehr schadet als nutzt. Dass ausgerechnet die Bundesanstalt für gesundheitliche Aufklärung die Playstation zur Förderung der Medienkompetenz empfiehlt ist ein Skandal,

denn eine Playstation im Jugendzimmer verschlechtert die Schulnoten nachweislich. Ebenso skandalös ist die Verleihung eines hochdotierten Preises für ein Ballerspiel durch den Kulturstaatsminister.

pressetext: Wie wird man kompetent im Umgang mit Medien?

Spitzer: Der Vergleich mit dem Alkohol drängt sich auf: Nicht durch Einübung, sondern durch längstmögliches Fernhalten von ihm eignet man sich den gesündesten Umgang an. Dasselbe gilt für Medien: Sie erfordern ein Vorwissen an Fakten und Erfahrungen, das außerhalb der Medien entstand. Ein Kind sollte seine Umwelt nicht zuerst über Tablet und Smartphone ansehen, sondern sie selbst begreifen, fühlen, erleben und handeln. Die Motorik nimmt ein Drittel des Gehirnvolumens ein. Bewegt man nur die Maus, so wird dieses Drittel zum Lernen und später zum Denken nicht benutzt.

pressetext: Was sollte die Schule tun, was die Eltern?

Spitzer: Schulen sollten für gute Bildung sorgen, jedoch ohne digitalen Medien. In Kindergarten und Grundschule haben Computer und Internet nichts verloren. Statt in Laptopklassen sollten die Schulen lieber in Lehrer investieren, da Bildung Personen braucht, zu der eine Beziehung aufgebaut wird. Medienpädagogik ist etwa so sinnvoll wie Alkoholpädagogik - beides macht süchtig und brauchen wir nicht. Eltern rate ich deshalb, den Medienkonsum der Kinder auf ein notwendiges Minimum zu beschränken.

pressetext: Danke für das Gespräch!

http://www.wochenblatt.de/nachrichten/welt/Gehirnforscher-Nutzung-digitaler-Medien-verdummt-;art5578,131091 Aufruf 02/23

Ich bin mit Herrn Dr. Spitzer weder *verwandt noch verschwägert,* falls jemand auf diese abstruse Idee kommen sollte.

Seine Erkenntnisse scheinen aber niemanden sonderlich zu interessieren. Stattdessen werden Unsummen an Geld von es zu gut meinenden Eltern für ihre Sprösslinge ausgegeben, in der Hoffnung, ihnen damit Gutes zu tun.

Nun ja, dass Ergebnis ist bekannt und beschrieben. Statt Wald, Bäume und Natur, Smartphone, Iphone und der gesamte übrige Unsinn. Anstatt die durchaus brauchbaren Ressourcen der Technik zu nutzen wird Irrsinn über Irrsinn produziert. Noch mehr Technik. Kaum ist die neueste Form auf den Bazaren der Verblödung käuflich zu erwerben, steht schon der nächste Renner in den Startlöchern, verbunden mit der scheinbaren Hoffnung, hier vielleicht eine Antwort auf unsere eigentlichen drängenden Fragen zu erhalten.

Wer bin ich, was will ich, wohin gehe ich?

So trivial es sich anhört, so aktuell ist es! Die Antwort findet sich nicht in Computerspielen oder auf der Cebit-Messe.

Ein mithin großes Problem das sich in den nächsten Jahrzehnten mit voller Wucht noch zeigen wird, ist die rasante Zunahme der Weltbevölkerung. Sind es heute ca. 8 Mrd. Menschen die diesen winzigen Planeten bevölkern, werden es bis zum Ende des

Jahrhunderts rd. 11 Mrd. Menschen sein, vielleicht aber auch mehr?! Niemand weiß das so genau.

Momentan sind dank stümperhafter Politiker und schwachsinniger Machthaber etwa 60 Mio.

Menschen auf der Flucht. Werden es in einigen Jahren Milliarden sein? Anzunehmen.

Dies kann und wird niemand verhindern.

Nur die *völlig* Verblödeten können angesichts dieser Tatsache noch von Zukunft und Wachstum sprechen. Und absolut debile Wissenschaftler prognostizieren sogar das die Weltbevölkerung abnehmen könne: durch mehr Bildung, bessere Medizin usw. usw.

Was hatten diese Einlassungen nun mit dem Sinn des Lebens zu tun? Eigentlich nichts muss ich zugestehen und dann wiederum doch. Wie bereits von mir erwähnt kann ein fixierter Lebenssinn ungeahnte Folgen nach sich ziehen, wie in den verschiedenen Beispielen aufgezeigt wird.

Somit bin ich schon fast am Ende dieses Buches angelangt. Das Sie und Ich, wir alle einfach auch einmal Glück im Leben brauchen, steht außer Frage.

Nach meiner Theorie braucht man etwa 4-5 maßgebliche Glücksmoment, die Ihnen dann helfen können, ein einigermaßen reibungsloses Leben führen zu könne. Das beginnt, wie auch bereits erwähnt, mit Ihrem Geburtsnamen, geht über die berufliche und schulische Bildung und endet mit sozialen Kontakten. Haben Sie in nur in einem von diesen Bereichen ein entsprechendes Defizit, wird dies auf ihren weiteren Weg entscheidenden Einfluß haben.

Ich hoffe, dass ich Sie mit einigen Tatsachen überzeugen konnte und wünsche Ihnen ein langes blühendes und glückliches Leben, so das Sie eines Tages auf die Frage, wie denn Ihr Leben verlaufen sei, ganz ehrlich und ohne Schwäche antworten können… *Glück gehabt!*

NOTIZEN

NOTIZEN